Library of
Davidson College

ORÍGENES DEL COSTUMBRISMO ÉTICO-SOCIAL

ADDISON Y STEELE: ANTECEDENTES DEL ARTÍCULO COSTUMBRISTA ESPAÑOL Y ARGENTINO

COLECCION POLYMITA

EDICIONES UNIVERSAL. Miami, Florida. 1983

GIOCONDA MARÚN

ORÍGENES DEL COSTUMBRISMO ÉTICO-SOCIAL

ADDISON Y STEELE: ANTECEDENTES DEL ARTÍCULO COSTUM- BRISTA ESPAÑOL Y ARGENTINO

P. O. Box 450353 (Shanandoah Station)
Miami, Florida 33145., U.S.A.

© Copyright 1983 by Gioconda Marún
Library of Congress Catalog Card No.:
I.S.B.N.: 0-89729-278-2

A la memoria de mi padre y a mi madre.

INTRODUCCIÓN

El costumbrismo ha sido definido y caracterizado más de una vez en forma concluyente. Intentar un estudio acerca de sus orígenes y desarrollo neoclasicistas es necesario, para situarlo más justamente en el tiempo y delimitar lo que tiene de genuino y de extranjero. Este trabajo pretende entonces decantar la génesis del mismo y los legados ingleses en España y especialmente en Argentina.

El contenido de los periódicos estudiados tanto ingleses como españoles y argentinos marcan los límites. Solamente se ve el costumbrismo ético-social, que nace en el Neoclasicismo y es anterior al pintoresquista descriptivo, se dejan de lado las vertientes rurales o locales, ya que el costumbrismo inglés es esencialmente urbano.

La falta de un estudio comparado, demorado y analógico entre los periódicos ingleses *The Tatler* y *The Spectator* y los españoles y argentinos ha conducido a categorizaciones absolutas del costumbrismo, circunscribiéndolo a la pintura de la vida cotidiana del hombre y su sociedad. Este costumbrismo pintoresquista ha opacado una fasa previa de profundidad, de preocupación social y moral, de lucha contra los vicios, corrupciones y falacias del ser humano, aspecto que aunque no ha merecido la atención de los críticos es todavía candente, pues los defectos del hombre son los mismos y se repiten a lo largo de la Historia.

La situación de emprender una nueva investigación en un campo tan estudiado ofrecía algunas dificultades. Por un lado, el costumbrismo era presentado como género de neta raigambre española; por otro, trabajos más recientes admitían influencias extranjeras. Una—la francesa—determinante para los españoles comprendidos entre los años 1830-1850; otra—la inglesa—juzgada como un impulso revitalizador de la corriente autóctona nacional. Debido a esto, el estudio de la influencia francesa en España era más antiguo y exhaustivo que la inglesa, aunque ésta se produjo cronológicamente anterior a aquélla. Los escasos trabajos existentes realizados con poca lealtad a *The Tatler* y *The Spectator*, los cotejaban no en su totalidad sino con algunos ensayos, no advirtiendo que la influencia inglesa se mide no por la semejanza con ensayos aislados, sino por la verdadera revolución moral, de comportamiento y de redacción que desencadenaron.

Estos hechos esbozaron la primera fase de este trabajo: el requerimiento de un rastreo hermeneútico de *The Tatler* y *The Spectator* que ofreciera una visión de conjunto—ausente en español—y valorara más acertadamente los legados en el costumbrismo. El acercamiento arrojó varias luces: los periódicos ingleses no solamente iniciaron el costumbrismo de reforma social, sino que crearon los rasgos y artificios de censor u observador de la sociedad que servirían de norma a todos los Observadores y Habladores del género. Legaron también iguales temas y motivos de crítica para señalar las flaquezas y vanidades del ser humano e iniciaron con la forma breve y condensada del ensayo periodístico inglés un nuevo medio editorial para la literatura: el artículo moderno de crítica ético-social y literaria. Esto impuso la necesidad de una nueva caracterización del género costumbrista para puntualizar lo que había de autóctono y extranjero. El «artículo costumbrista», creación moderna que nació en España con la prensa periódica, estaba íntimamente ligado por sus caracteres estructurales al ensayo inglés.

El tercer paso fue una lenta labor hermeneútica de compulsa y cotejo de material en periódicos españoles y argentinos, para poder sopesar más cabalmente la magnitud y trascendencia de la influencia inglesa. El primer periódico español fue *El Pensador* de Clavijo y Fajardo, frecuentemente olvidado por la crítica, que ofreció un asombroso paralelismo con *The Spectator*. Pero era necesario indagar si en autores «no neoclásicos»— Larra y Mesonero Romanos principales cultores del género—la influencia inglesa era también un impulso configurador.

El saldo fue positivo, quedaba tentar la empresa en Argentina. Las aristas eran más espinosas que en España, pues aquí la crítica asentaba de una manera irrefutable el magisterio de Larra y la absoluta ausencia de cualquier otra influencia extranjera en el costumbrismo. El punto de partida fue *The British Packet*, pero era previsible encontrar en un periódico inglés de neta formación neoclásica referencias a *The Spectator* y *The Tatler*. Se inició luego una búsqueda—por momentos desalentadora y sin alicientes—en el gran número de publicaciones que pululaban entre principios y mediados del siglo XIX. El velo se descorrió con el hallazgo de *La Argentina*, periódico que reproducía ensayos de *The Spectator* para la fundamentación de su ideología.

Restaba todavía la piedra angular, la Generación del 37, investigar si «los hijos espirituales de Larra»—Alberdi y Sarmiento—eran totalmente larrianos. Con el mismo criterio seguido hasta ahora—análisis esencialmente textual—se realizó una valoración de *La Moda* con olvido de las existentes, dejando que las fuentes hablen. La absoluta filiación neoclásica de Alberdi delineaba más claramente que en Larra un rol de censor preocupado por los seres más olvidados de la sociedad: la mujer y el comerciante. Esta específica inquietud de Alberdi y su ansia de educación y reforma—continuada luego en *El Iniciador*—lo acercaban más a la imagen de «monitor of worthing living» creada por Steele y Addison.

Por último Sarmiento en *El Progreso* reproducía en Santiago de Chile los mismos propósitos de Alberdi y sumaba uno más: la necesidad de arrojar la barbarie de las calles, campaña que ocupa gran parte del periódico y hacia la cual dirigió todo su empeño. Esta misión del periodista de contribuir al progreso y desarrollo de todos los sectores sociales, se parangonaba con la vivida por Steele y Addison de «driving Barbarity out of our Streets».

El contenido documental mencionado determinó la estructura de este trabajo en cinco capítulos. El primero dedicado al análisis de *The Tatler* y *The Spectator*, por ser las obras básicas que a manera de columna vertebral sostienen todo el andamiaje de la investigación. En el capítulo segundo, con un criterio formal distingo entre «Descripción costumbrista» y «Artículo costumbrista». La primera, forma consustancial a toda la literatura española integrada a procesos narrativos, el segundo, publicación periodística autónoma cuyos orígenes están en Inglaterra. En el mismo capítulo estudio *El Pensador* y en el siguiente continúo con las obras periodísticas de Larra y Mesonero Romanos. En estos tres capítulos prevalecen dos subtemas integradores de material: «Caracteres y comportamientos censurados» y «Concepto y situación de la mujer».

Los capítulos cuarto y quinto corresponden a Argentina. Analizo el periódico inglés *The British Packet* y cinco de autores argentinos publicados dentro o fuera del país: *La Argentina, La Moda, El Iniciador, El Progreso* y *Diario de la Tarde*. La inclusión de éste último se debe únicamente a que publicó traducidos dos ensayos de *The Spectator*.

En todos estos periódicos se observa la intención de escribir literatura útil a la realidad política social y de contribuir al desarrollo integral del hombre. Inscriptos en el racionalismo ilustrado, educan al pueblo por medio de reglas y normas que lo guían en su relación con los demás.

Este contenido y finalidad configuran nuevos subtemas. De los dos que predominan en los capítulos anteriores, sólo permanece «Concepto y situación de la mujer». Se omite el primero—«Caracteres y comportamientos censurados»—porque al costumbrismo argentino le interesa más lograr la educación del pueblo y el embellecimiento de la ciudad, que reproducir las costumbres a través de tipos y caracteres. Además por ser Sarmiento el único de los autores estudiados que cultiva las fisiologías, incorporo este subtema en el análisis de *El Progreso*.

El tema de la mujer es una constante que nace con Steele y Addison, se debilita en Larra y Mesonero Romanos y recobra su primacía en los periódicos argentinos motivando el origen de las concepciones feministas. Por ser este hecho tan importante para Argentina, lo registro detalladamente para evidenciar que la Generación del 37 se anticipó con su ideología liberal a cualquier caso aislado de feminismo.

El trabajo abunda en citas textuales que sostienen los puntos de contacto entre las producciones inglesas, las españolas y argentinas. He procurado en todos los periódicos—antes que la paráfrasis referencial—la transcripción literal de las fuentes. En las notas doy la versión original en inglés de las citas más extensas, la traducción de las mismas figura en el texto.

Tuve que salvar varios obstáculos con las fuentes argentinas. De una parte, el mal estado de algunos periódicos que retardó la labor de compulsa; de otra, el no haber en el País publicaciones completas disponibles de *The British Packet* y *El Progreso*, y el no poder acceder al periódico *Le Spectateur Français* que probablemente tienda otro lazo de unión con *The Spectator*.

Gran parte del aparato crítico lo he consultado en bibliotecas estadounidenses. Así la edición rara de *El Pensador* que pertenece a Hispanic Society of America, New York. La edición crítica de Donald F. Bond de *The Spectator* me fue proporcionada generosamente por la biblioteca de Iona College, New York, como también la de *The Tatler*. Através de la gentileza del College of New Rochelle, New York, conseguí—por el sistema de préstamos entre bibliotecas—la tesis doctoral de Clifford Montgomery *Early Costumbrista Writers in Spain* de New York State Library-Albany; y la tesis doctoral en manuscrito de Chonon Berkowitz «Ramón de Mesonero Romanos. A Study of His Costumbrista Essays» de Cornell University Library. La Biblioteca de Columbia University me brindó la posibilidad de consultar las obras de los franceses Jouy y Paul Lacombe, y de publicacones inhallables en otras fuentes.

Mi sincera deuda a estas instituciones, como así también al personal de la Biblioteca Nacional de Buenos Aires, Instituto de Literatura Argentina Ricardo Rojas, Museo Mitre, Biblioteca de la Universidad de La Plata y Museo Sarmiento de San Juan, quienes me facilitaron la indagación documental.

CAPÍTULO I

NACIMIENTO DEL PERIODISMO LITERARIO EN INGLATERRA

1— ANTECEDENTES

El ensayo periodístico inglés forma exclusiva y propia del siglo XVIII alcanzó su culminación a través de dos periódicos, *The Talter* y *The Spectator*. Es mi propósito aquí rastrear sus orígenes y pleno desarrollo para deslindar más adelante los elementos—que originados en ellos—pasan a constituir los caracteres del artículo costumbrista español.

Entre los años 1688 y 1694 aparecieron en Inglaterra cerca de 30 periódicos, expresión de la nueva situación política que se vivía—la ascensión de Guillermo III—y de la libertad de prensa que no existía antes. Fueron pequeños periódicos trisemanales de una sola hoja, con cautas incursiones en el plano político. Hasta entonces las principales fuentes de información habían sido las Casas de Cafés, que fueron creciendo en número e importancia.

En 1695 dos periódicos *The Flying Post* y *Dawk's New Letter* ofrecían las noticias del momento. Tenían una parte sin imprimir para ser llenada en manuscrito con las últimas informaciones acaecidas. El primer periódico diario de Londres fue *The Daily Courant*, apareció el 11 de marzo de 1702 y finalizó en 1735.

La libertad de prensa y el desarrollo de los partidos políticos alimentaron la capacidad de controversia de los periodistas. Los nombres de Addison, Steele, Swift, Defoe, Berkeley, Kennet, se sumaron a las columnas periodísticas. Los partidos políticos más importantes, Whigs y Tories, tuvieron durante los primeros años del siglo XVIII a dos grandes prosistas, Swift en el *Examiner* de los Tories y Addison en el *Whig Examiner* de los Whigs. Esencialmente el periodismo era todavía político.

Como antecedentes del periodismo literario iniciado por Steele y Addison se pueden citar dos periódicos, *Athenian Gazette* luego llamado *Athenian Mercury* y *Weekly Review*. El primero creado por John Dunton el 17 de marzo de 1609, tenía por objeto responder a todo tipo de preguntas acerca de religión, amor, matrimonio, costumbres. *Athenian Gazette* mostró la existencia de un público ansioso de leer sobre otros tópicos que no fueran sólo políticos. La publicación que en sus orígenes fue semanal, luego pasó a ser bisemanal. Indudablemente el humor que destilaban muchos de los números y la aceptación del público, constituyó una importante sugerencia para los creadores de *The Tatler* y *The Spectator*.

La idea de Dunton tuvo imitadores, Defoe fundó el 19 de febrero de 1704 *A Weekly Review the Affairs of France*. El periódico tenía una sección política y seguía en lo demás el ejemplo de Dunton, aceptaba preguntas y cartas y ofrecía consejos ingeniosos acerca de reformas sociales. Estaba en germen lo que más tarde sería la prensa literaria moral de Addison y Steele aunque Defoe a diferencia de ellos, no era un hombre de mundo. Su estilo robusto carecía de gracia y tacto necesarios para dar lecciones de vida.

2— THE TATLER

El fundador fue Steele, apareció el 12 de abril de 1709 y duró hasta enero de 1711. Tuvo un total de 271 números publicados trisemanalmente, Addison colaboró en 42.

El nombre del periódico fue en honor de las mujeres: «Resuelvo tener algo que pueda ser un entretenimiento para el bello sexo, en cuyo honor he inventado el título de este periódico.»[1] El periódico va también dirigido a los políticos, cuyo entusiamo por las noticias los ha alejado de lecturas instructivas, y son absorbidos por periódicos noticiosos. Tarea «necesaria y de caridad» es proporcionar a estas personas de «fuerte fervor y débiles intelectos» algo para que aprendan y piensen.[2]

Los propósitos están plenamente explicitados en el último número. Recomendar «la verdad, la inocencia, el humor y la virtud como los principales ornamentos de la vida.» Describir «caracteres diarios», indagar «las semillas de vanidad y afectación», señalar «la necedad de la ambición», en suma «trazar la vida humana a través de todas sus perplejidades y cavidades» enseñando a los hombres «a ser felices, agradables y admirables.»[3] El ideal es mejorar al ser humano y su convivencia con los demás seres.

Los artículos o «lucubraciones» están basados en la vida real, es por esto que en la organización de los asuntos o temas Steele eligió lugares familiares a la vida de Londres, como eran las Coffee-Houses. Todos los temas de entretenimientos, galantes y de placer provienen de White's Chocolate-House, poesía de Will's Coffee-House, enseñanza de Grecian's, noticias internas y extranjeras de James's Coffee-House y de su propio departamento cualquier otro asunto. Esta organización de los diferentes temas a desarrollar—evidencia de que él no dejaba librado a la improvisación la dirección del periódico—encierra un doble propósito. Por un lado, el dar verosimilitud a sus ensayos y por otro ofrecer una miscelánea tanto en la forma como en el contenido.

De las cuatro casas mencionadas, St. James's y White's eran los principales círculos de hombres de estado y de la moda. Will's lugar favorito de reunión de los intelectuales y Grecian's de los estudiantes.[4]

El periódico tiene también avisos comerciales y la mitad de una hoja en blanco para escribir en manuscrito las últimas noticias recibidas. En su período de iniciación cubre asuntos de utilidad para todos, eventos de hombres y mujeres contemporáneos reflejados con detalles de interés humano. Los vicios y ridiculeces en el comportamiento se enfocan desde los primeros números.

El epígrafe latino de Juvenal que encabeza el periódico se mantiene hasta el No 40, reaparece en el No 47 y desaparece completamente al final.[5] Representa una de las elecciones felices de Steele ya que sumariza su actitud: «todo lo que el hombre haga, diga, piense o sueñe, será para él asunto de reflexión.» Esto mismo lo explicará en el No 4.

Steele para poder llevar a cabo su labor de censor de las costumbres adopta el seudónimo Bickerstaff, máscara que sólo es descubierta en el último número del periódico. Es importante recordar que no lo crea Steele sino lo toma de Swift y está inspirado en una situación real que ocurrió en 1708. El seudónimo Bickerstaff se había hecho famoso como el autor de un panfleto *Predictions for the year 1708* redactado por Jonatham Swift para destruir a John Partridge, un falso astrólogo que vendía éxitosamente sus profecías en Londres. Bickerstaff se presenta como verdadero astrólogo y en su panfleto predice la muerte de Partridge y los detalles de la misma. La broma tiene como consecuencia la prohibición de la venta de las profecías de Partridge.[6]

Steele se apropió de un nombre que era ya conocido por la gente y a través del cual expondría austeridad y equilibrio en las costumbres: «pero consideré que la severidad en los modales era absolutamente necesaria para aquél que censuraría a otros y por *esta razón* y *solamente ésta* elegí una máscara para hablar.»[7] Aquí está la justificación del tan difundido uso de seudónimos por los más tarde autores costumbristas. El seudónimo permite expresar libremente la crítica de la sociedad, sin el riesgo de ser culpado de hipócrita o falso.

El que Steele se convierta en censor de su tiempo no fue casual, en realidad la reforma social era una necesidad del momento. Inglaterra después de cien años de cambios políticos, sociales y religiosos—el gran cisma entre la Iglesia y el Estado, la caída del poder de la primera, la importación de un rey desde Francia, el nacimiento de una filosofía liberal—estaba lista para una campaña de reforma.

En la década precedente al reinado de Ana, existía una sociedad de Reformas de las Costumbres que tenía el auspicio real y el soporte noble. Esta sociedad publicaba consejos y enseñanzas destinados a regular las acciones de los hombres y a que se alejaran del vicio y promiscuidad. Generalmente atacó la clase pobre y en algunos momentos llegó a ser con ella verdaderamente intolerante.

Quienes prepararon el camino a Steele fueron Defoe y Swift. Defoe con su vigorosa *Poor Man's Plea, Reformation of Manners* y *More Reformation,* protegió al pobre e hizo responsables al clero y a la gente educada de la conducción de las reformas. También en su periódico liberal ya mencionado *A Weekly Review,* la reforma de la moral y de las costumbres fue frecuentemente su propósito.[8]

Swift en *A Project for Advancement of Religion* y *Reformation of Manners,* 1709, denuncia la actitud parcial de la Sociedad de Reformas y propone una decidida acción del gobierno. Puntualizó las deficiencias del clero y de la justicia y recomendó la censura en el teatro y en las publicaciones.[9]

Frente a esto Steele que creía en la moderación y persuasión no coincidió con la Sociedad, ni con Swift y Defoe. Con respecto a la primera Steele solamente la menciona en el No 3, pero no da juicio acerca de su política. Sí desaprobó su severidad con el teatro, para él sólo reprochable en sus negligencias e impropiedades.

Abocado en la corrección y mejora Steele traza modelos valiosos e indignos, en un efecto contrapuesto de realce tanto de lo negativo como de lo positivo. Frente a los peligrosos extremos de la moda, las ridiculeces, vicios y extravagancias del ser humano, aparecen en contrapunto las ortodoxas virtudes de humanidad y el énfasis en actitudes racionales y mesuradas. Se puede decir que el mejoramiento de las costumbres propuesto, consiste en una aleación de razón y benevolencia.

Evidentemente Steele aprovechó el momento para actuar como censor, Richard Bond señala que: «Cuando Richard Steele empezó *The Tatler,* Inglaterra no tenía ningún comprensivo libro seglar que ofreciera consejo acerca del vivir digno, ninguna persona que actuara

como monitor del comportamiento trivial o innoble.»[10]
Steele acepta humildemente su rol de censor en el No 144, negando poseer suficiente autoridad para asumir dicho título.[11] Admite ser un reformador antes que «un inquisidor»[12], que va exponiendo las deformaciones delante de los ojos de los hombres. Sin embargo corregir los errores humanos es «un trabajo heroico y grande», cuya sola recompensa es la de ser un «enemigo común.»[13] Lo inameno de la tarea de censor es repetido más de una vez. Cómo el lector es frecuentemente deleitado mientras el autor está descontento:

> Este trabajo me ha sido ciertamente desagradable por momentos, y el propósito de él completamente perdido por haberlo desempeñado como autor durante tanto tiempo.[14]

> Esto y miles de otras cosas sin nombres, han constituido para mí una tarea tediosa el personificar Mr. Bickerstaff por algún tiempo, y creo que frecuentemente pasa que el lector es deleitado, mientras el autor está descontento.[15]

Esta actitud de queja acerca de lo enojoso y difícil de la tarea emprendida, será también una constante en los escritores costumbristas. Paralelo a ello Bickerstaff se lamenta del «lento progreso que ha tenido en la reforma», de la indiferencia con que cierta gente toma sus consejos: muchos son los lectores pero «pocos los convertidos», lo que le deja el saldo de haber trabajado en vano.[16]

Común también con los más tarde costumbristas es el cuidado que toma de no ofender a ningún individuo en especial: «es mi intención evitar decir cualquier cosa de cualquier persona que pueda justamente desagradarle» . . . . «Yo nunca me propuse en él provocar sigilosamente alguna herida secreta.»[17] Es por esto que la sátira que él hace es de tipos sociales no de «personas particulares» aunque habrá más de uno que «se resentirá del carácter malsano» que ha producido «temerosos de que les haya llegado su turno.»[18]

A) *Artificios de redacción*

Steele se vale de una serie de recursos de redacción para que su tarea de censor no resulte monótona y fatigue a los lectores. El primer artificio ya mencionado es el de la creación del astrólogo Bickerstaff. Se verá cómo la caracterización de Isaac Bickerstaff se convierte más adelante en el estereotipo que la mayoría de los costumbristas usan para la crítica de la sociedad.

El detalle más frecuentemente mencionado es su edad avanzada.

Su larga vida le permite desplegar conocimientos, experiencias, madurez, cualidades necesarias para ganarse la confianza y el respeto. Es un caballero por su herencia y actitud, sensible, culto, ama la gente y la respeta. Encuentra especial placer en caminar por los parques y otros lugares públicos donde escucha y habla con la gente, de estas salidas recoge material para su periódico. Lee mucho, pero nunca es pedante, espíritu abierto, desempeña simultáneamente las funciones de censor, astrólogo, filósofo y humorista. Es soltero y nada impide su interés por las damas, su edad es al mismo tiempo una atracción y protección. A pesar de haber tenido un desencuentro amoroso, conserva su afabilidad con ellas a quienes considera la mejor mitad de la humanidad. Un poco en serio y en broma él les dedica su periódico.

En el último número Bickerstaff sumariza sus rasgos fundamentales: «hablé en el carácter de un hombre de edad, un filósofo, un humorista, un astrólogo y un censor, para atraer a mi lector con la variedad de mis temas e insinuar, si pudiese, el peso de la razón con lo agradable del humor.»[19]

Jenny Distaff, hermanastra de Isaac, colabora en la redacción de algunos números del periódico. Hija del tercer matrimonio del padre de Isaac, es para éste a veces como una hija a quien frecuentemente da consejos. Así lo hace cuando Jenny va a casarse y durante su vida matrimonial.

Jenny representa la mujer que lee y se interesa por las actividades intelectuales. Aparece en el No 10 para reemplazar a su hermano ausente, con la libertad de hablar y de discutir desde el punto de vista de las mujeres. Colabora en cuatro números más. La presencia de Jenny en el periódico le permite a Steele comentar más verazmente los temas femeninos y del hogar, otorgar un tono ligero a asuntos serios, expresar los problemas del sexo más atractivamente.

Pacolet es el tercer carácter imaginario. Declara ser el ángel guardián de Bickerstaff y haberlo auxiliado durante muchos años sin ser advertido por él. Ser supernatural, ha vivido un mes en el mundo y está obligado a vigilar los pasos de los hombres hasta el final de su vida. Tiene en común con Bickerstaff estar «bien versado en las ciencias ocultas» y trabajar «en el cuidado y asistencia de los hombres.»[20] Frecuentemente se le aparece a Bickerstaff y lo anima a seguir la tarea emprendida[21], otras veces lo auxilia en su trabajo y gracias a unos polvos le permite hacerse invisible y omnisciente, de tal manera que ambos «pueden ver y escuchar a otros, sin ser ellos vistos o escuchados.»[22]

Pacolet le ofrece a Bickerstaff la sabiduría de otros temas y otras mentes, informándole sobre tópicos desconocidos al ser humano. Después de cinco meses de actuación desaparece del periódico.

Se ha comparado a Pacolet con *El diablo cojuelo* de Vélez de Guevara. Quien inició este paralelismo fue Hendrix[23] aunque en trabajos posteriores él declara haber desconocido en esa época la influencia inglesa sobre el costumbrismo francés y español.[24] Bond sugiere que el nombre de Pacolet fue tomado de la leyenda francesa medieval *Valentine and Orson*[25] impresa en Francia en 1489 y en Inglaterra cerca del 1550. Aquí aparece un personaje Pacolet que mágicamente rescata a los legendarios gemelos Valentine y Orson, hijos de Bellisant y Alexander de Constantinopla.[26]

Anteriormente a Bond, en 1929 Arthur Dickson en su *Valentine and Orson. A Study in Late Medieval Romance* comenta: «El familiar Pacolet de Mr. Bickerstaff, quien se hace invisible y revela los pensamientos de otra gente, toma su nombre de *Valentine and Orson; Tatler*, Nos 13, 15, etc.»[27] Este dato es muy importante para el desarrollo del género costumbrista, ya que todavía se sigue insistiendo que *El diablo cojuelo* «contribuye a formar el espíritu crítico del *Tatler* y del *Spectator*, como demostró W.S. Hendrix.»[28] Con esto se está supervalorando «el espíritu crítico del diablo cojuelo» y su estímulo en los periodistas ingleses.

B) *Caracters y comportamientos censurados*

El crecimiento y desarrollo de la ciudad ha provocado el surgimiento del vicio y del libertinaje. Steele en el No 12 enumera los distintos tipos originados por la corrupción de la ciudad, que serán más tarde el objeto de su atención:

> usted encontrará hombres de placer: libertinos y calaveras. Irreflexivos ateos, iletrados, alcohólicos que se llaman a sí mismos libres pensadores. Jugadores, fisgones, mordaces, maldicientes y veinte nuevos insectos son las diferentes especies de los modernos hombres de ingenio.[29]

Consciente de tal situación, Bickerstaff sigue el consejo de Pacolet acerca de cómo actuar para lograr ser escuchado en tan ardua y difícil misión: «usted debe tratar esta costumbre con humor y ligereza para conseguir la audiencia antes de que Ud. pronuncie sobre ella la sentencia.»[30]

Su crítica es mesurada, insiste en la persecución de una vida sencilla para poder controlar la mente y los pensamientos. Recomienda una simplicidad en el comportamiento «que es el súmmum de una buena educación y buen sentido.»[31]

Exalta en el hombre los ideales de generosidad e igualdad, el cultivo del gusto, de la conducta y de la gracia en los modales. El hombre por su misión de conductor de la sociedad debe ser un ejemplo virtuoso, producto del humanismo cristiano. Su habilidad más justa y grande es saber «cómo estar al nivel de sus acompañantes» y desplegar en la conversación «buen juicio.»[32]

Se pronuncia en contra de las acciones vulgares, ridículas y malsanas. Ataca la adulación, la impudicia, el disimulo e hipocresía, «el mundo está infatuado con el amor de las apariencias en vez de las cosas.»[33]

La vanidad, el orgullo y la ambición aparecen agrupadas: «Estos tres caracteres son ciertamente en el fondo muy semejantes pero tienen consecuencias diferentes en la humanidad. La vanidad hace a los hombres ridículos, el orgullo odiosos y la ambición terribles.»[34]

Una actitud común con los futuros costumbristas es la de deplorar la ciega inclinación de la gente por todo aquello que tenga rótulo extranjero: «No hay algo más lamentable en nuestra nación, que la afectación general por todo lo que es extranjero.»[35]

El duelo fue durante el reinado de Ana una desgracia general. Steele lo ataca repetidamente quizás debido a una experiencia personal tenida unos años antes. En el No 25 analiza las causas que precipitan a los hombres a «tal fatal riduculez», está seguro de que la mayoría de los hombres luchan en contra de su voluntad y aducen un resentimiento que es «una impostura hecha de cobardía, falsedad y falta de comprensión.»[36] El tema continúa en cinco números más, al final Steele anuncia que la persistencia del tópico en su periódico ha motivado frecuentes conversaciones entre los hombres educados, punto que quería alcanzar para la reforma de las costumbres.

Como se advierte Steele no olvida ninguna virtud, ningún vicio, virtudes y vicios que no aparecen en la descripción específica de un individuo, sino de caracteres morales. ¿Por qué la presencia de caracteres?. Primero, para que su labor de consejero tenga más eficacia, debe evitar ofender señalando defectos individuales. Segundo, un periódico dedicado a entretener como así también a enseñar, tiene que mezclar con mucho tacto la sátira y la verdad, señalar la ridiculez y no un ridículo determinado.

La introducción de los caracteres dentro de la literatura inglesa se produjo a principios del siglo XVII cuando Joseph Hall y otros empezaron a imitar los *Caracteres* de Teofrasto. En el periodismo sólo pocas publicaciones antes que *The Tatler* usaron la descripción del carácter humano.[37] El atributo más significativo de estos caracteres ya aparece en Teofrasto, el ser descripciones breves y vigorosas, concisas y objetivas. Es importante destacar esta cualidad la brevedad, que se dará en Steele y Addison.

En conclusión, los caracteres son sucintas descripciones de un tipo humano que puede ser profesional, sicológico o ideológico, representativo de la clase o categoría a la que pertenece con omisión de lo que tenga de individual.

Aunque los *Caracteres* de La Bruyère se inspiran en Teofrasto, no lo siguen completamente. La Bruyère intercala numerosos comentarios y máximas, su estilo está lejos de la forma apretada griega. Se verá más adelante cómo esta forma literaria de los caracteres pasará a reproducirse en el subgénero del costumbrismo español, el de tipos humanos.

Muchos son los caracteres descriptos por Steele, el calavera, libertino, pedante, jugador, duelista, político, comerciante, dandy. El mismo confiesa que le había significado «mucho cuidado y razonamiento, ordenar y disponer a la gente bajo sus propias denominaciones, y clasificarla de acuerdo a sus respectivos caracteres.»[38]

Tanto a Steele como a Addison les preocupa la situación de los comerciantes, quienes se han hecho poderosos sin tener la educación y cultura necesarias. Así aparecen ridículos casos a quienes Steele les indica qué necesitan para un mejoramiento individual.[39]

El tipo humano más insistentemente tratado es el del político, «Political Upholsterer», mezcla de gacetillero y politiquero. Este carácter no es creación de Steele sino de Teofrasto.[40] En *The Tatler* es un personaje que diariamente lee todos los periódicos noticiosos de Londres y del extranjero, para luego buscar gente con quien compartir y discutir las noticias. Esta pasión le ha hecho abandonar su familia y su trabajo: «El tenía una esposa y varios hijos, pero estaba mucho más interesado en conocer qué pasaba en Polonia que en su propia familia.»[41] En el No 178 Steele llega a comparar la locura del Quijote padecida por los libros de caballería, con la del político por los periódicos.[42] A través del político Steele censura a aquéllos «que viven más en los Cafés que en sus negocios» y previene en contra de los periódicos noticiosos de Gran Bretaña «tan perniciosos a las mentes débiles en Inglaterra, como los libros de caballería en España.»[43]

Generalmente el tratamiento de un mismo carácter es diferente y nunca llega a ser un modelo rígido. En el No 158 presenta al pedante que pretende conocer libros, conocimiento que se limita al título, editorial y fecha de publicación. En el No 165 vuelve sobre el pedante pero con un acercamiento distinto, aquí es un falso crítico teatral lleno de afectación. De esta manera se insiste sobre un mismo defecto o vicio, pero con procedimientos variados que otorgan frescura a la marcha. Es mérito tanto de Steele como de Addison, el haber trabajado inteligentemente y con aguda observación para adaptar el carácter a las necesidades del periódico.

La importancia de la educación en la labor de reforma es preponderante. Precisamente «los primeros rudimentos de la educación son dados indiscretamente por los padres», a quienes les preocupan más sus propios intereses. Así «los padres repiten sus vidas en sus descendientes»[44], sin observar el temperamento e inclinaciones de los hijos, por vanidad les dan conocimientos y ornamentos para los cuales no han nacido: «El inadecuado método usado en la educación de los jóvenes, sin genio ni espíritu hacia ciertos estudios para los cuales sus mentes nunca fueron diseñadas.»[45]

Las impresiones que la mente humana recibe en la infancia son tan fuertes y determinantes que «son difíciles de ser removidas por la razón», los padres saben tan poco acerca de esto, que frecuentemente marcan a los niños con sus «propias faltas y flaquezas.»[46]

Las condiciones diarias de vida son también objeto de reforma. Trata todo aquello que necesita ser mejorado o modificado: las prisiones, hospitales, justicia, salud, limpieza de la ciudad y mejor señalización de sus calles.

C) Concepto y situación de la mujer

He dejado para el último el tema de la mujer por la importancia que tiene en los periódicos de Steele y Addison y más tarde en el costumbrismo español y argentino.

Es un poco difícil ubicar la concepción de Steele acerca de la mujer, pues no aparece en forma pura sino mezclada con los diferentes criterios de la época. Para poder dilucidar mejor su posición creo necesario dar un breve panorama de las diferentes concepciones existentes, sigo aquí el detallado estudio que Rae Blanchard hizo al respecto.[47]

Entre 1650 y 1725 se pueden distinguir en Inglaterra tres grupos. El primero, los conservadores formado por el clero, educadores, moralistas, quienes no respetan a la mujer como individuo. Su status en la sociedad está determinado por la costumbre y la ley.

El segundo grupo, escritores humoristas la consideran en sus ensayos y poesías con galantería o desdén. El tercero, los reformadores dentro del racionalismo, tratan a la mujer como un ser determinante del bienestar de la sociedad y de la humanidad. La aceptan como individuo con derechos y responsabilidades, creen en la educación que la alejará de las exclusivas labores del hogar y del matrimonio.

El primer problema que se plantea es dilucidar si la constitución de la mujer es inferior o igual a la del hombre. Los conservadores consideran que por «las leyes de la naturaleza», la mente y cuerpo de la mujer son inferiores al hombre. Esta inferioridad aparece acompañada de una debilidad moral que le impide el desarrollo de las virtudes positivas como la valentía, la constancia y «la grandeza del alma». Ella sí puede alcanzar las «virtudes pasivas», dulzura, modestia y graciosa aceptación del hombre.

Los humoristas adoptan diversas posiciones. Por un lado, denuncian cínicamente la mentalidad inferior de la mujer, o la defienden «galantemente» por su frágil y sensible condición, o la hacen objeto de sus burlas, mezcla de denunciación y defensa.

Los reformadores abocados en un feminismo racional, rehusan admitir una natural desigualdad entre sexos. La mujer mostrará un poder mental y moral semejante al del hombre si se le da igual educación y oportunidad, si se deja de lado la costumbre, la ley, el prejuicio. Estas ideas cartesianas fueron en gran parte expuestas en Inglaterra por el francés François Poulan de la Barra, en sus tres ensayos acerca de la igualdad de los sexos y de la educación de la mujer.[18]

El segundo problema a considerar es si la mujer debe recibir educación. Todos concuerdan en una educación que la aleje de la persecución de frivolidades y vanidades, de la excesiva preocupación por la belleza del cuerpo. Con respecto a una educación sistemática, los conservadores y humoristas opinan que la lectura de libros que no sean los religiosos o relativos a las tareas del hogar, la apartarán de sus obligaciones domésticas. Su orgullo y afectación serán insoportables, la soberanía del hombre dentro y fuera del hogar será sacudida. En oposición, los reformadores son partidarios de la educación que le permita el desarrollo de su espíritu y la dirección de su razón y voluntad.

El tercer problema a tratar es el rol de la mujer en la sociedad. Todos piensan que la meta es el matrimonio, la diferencia reside en el concepto que cada grupo tiene de dicha institución. Los conservadores dogmáticamente la subordinan primero a los padres, luego al marido.

Para los humoristas el excesivo amor de la mujer por la adulación, es la culpa de extravagantes y falsas proposiciones de los hombres. Usan más de una vez la sátira y el humor para pintar las actitudes irreflexivas y descontroladas de la mujer en el matrimonio. Los reformadores ven el noviazgo y el matrimonio erigidos sobre una base racional, que otorga a la mujer una posición respetable. El matrimonio es un mutuo contrato con iguales derechos y obligaciones, con recíproca dependencia y fidelidad.

Steele coincide en algunos aspectos con los tres grupos, sin estar plenamente encuadrado en ninguno de ellos. Espíritu ecléctico y mesurado evita caer en los extremos y situar a la mujer en categorizaciones absolutas. Con respecto a la constitución o naturaleza de la mujer elude tomar partido. El habla de cualidades «diferentes» no «superiores» entre el hombre y la mujer:

> las almas del hombre y de la mujer están hechas diferentemente, de acuerdo a los designios para los cuales han sido trazadas. A las damas les gustará oir que nuestras mentes tienen cualidades diferentes no superiores a las de ellas. Las virtudes tienen respectivamente un matiz masculino y femenino. Lo que llamamos en los hombres sabiduría es en las mujeres prudencia. Es una parcialidad considerar una mejor que la otra.[49]

Es conservador cuando enfatiza «las virtudes pasivas», las cualidades femeninas deseables son la dulzura y simplicidad, el pudor y la modestia.[50] Como los moralistas trata de erradicar en la mujer el egoísmo y las vanidades, proponiéndoles ideales de conducta. A diferencia de ellos considera que la debilidad moral de la mujer es consecuencia de una formación inadecuada: «las mentes de las mujeres están menos cultivadas con preceptos y consecuentemente pueden—sin faltarles el respeto—ser consideradas más expuestas a la ilusión en los casos donde la inclinación natural está fuera de los intereses de la virtud.»[51]

Steele tiene en común con los escritores galantes la pintura de los caracteres opuestos, expresiones de actitudes meritorias o desagradables. La coqueta aparece más de una vez, a veces unida a la prudente, ambas desagradables por su comportamiento afectado: «La prudente y la coqueta tan diferentes como aparecen en su comportamiento, son en realidad la misma clase de mujer. El motivo de acción en ambas, es la afectación de complacer a los hombres.»[52] Dentro de este tipo de caracterización están Clarisa y Cloe, la belleza de la primera suave, la de la sugunda irresistible. Flavia y Lucía, madre e hija, rivales y celosas.[53]

La sátira se dirige desde las debilidades de las mujeres al uso exagerado de miriñaques, juego de abanicos y miradas.[54] Steele quiere que la mujer se respete y estime no sólo como objeto decorativo, critica a aquéllas que viven pendiente de la belleza: «ella que se valora a sí misma solamente por su belleza, sólo así debería ser estimada por otros.»[55]

El segundo aspecto a tratar es el de la educación. Más de una vez culpa a los padres que creen que sus responasbilidades se reducen a alimentarlas, vestirlas y casarlas.[56] La mujer mientras tanto «condenada a la ociosidad» ve pasar la vida sin interesarse en nada útil a la sociedad.[57] Esta situación tiene lamentablemente una repercusión: «la gran felicidad o desgracia de la humanidad depende de la manera de educar y tratar este sexo.»⁵⁸ La adulación, los falsos valores conducen a la mujer a un romántico e inauténtico sentido de la vida, el suponer que van a habitar los «campos felices de la Arcadia.»⁵⁹

En el No 248 propone para el mejoramiento del sexo una biblioteca femenina, «Esta colección de libros consistirá en tales autores que no corrompan mientras diviertan.»⁶⁰ Esto lo cumple en 1714 con la publicación en tres volúmenes de *Ladies' Library*, colección que pretende que la mujer asuma su personalidad sobre una base moral y racional.

Con respecto al matrimonio, Steele está más dentro de la corriente reformadora que de la galante y tradicional. No cesa de repetir que no es asunto de los padres el decidir sobre el matrimonio de los hijos: «Mucho he admirado la barbaridad de los padres, que tan frecuentemente interponen su autoridad en este gran asunto de la vida.»⁶¹ Está siempre dispuesto a recibir las cartas de sus lectoras con quejas de la vida matrimonial y a apoyarlas en todo lo que él ve racional y justo para la mujer. Está consciente de que toda disposición favorable «escapará del entendimiento de los seres si ellos viven presentes desasosiegos.»⁶²

Así como condena a la mujer inmadura que ante cualquier desavenencia matrimonial finge desmayos o convulsiones, también opina que una de sus desastrosas fragilidades es su tendencia a creer, perdonar y aceptar al hombre que la ofende o agravia.⁶³

Sin embargo consideró absolutamente necesario «interferir la genialidad», cuando decide acerca del mejor marido para su hermana. No le propone un hombre de letras sino un comerciante, que paliará sus inclinaciones literarias y evitará actitudes de superioridad o pedantes en sus conversaciones. A través del marido, Jenny que ha olvidado su aspecto exterior por sus actividades intelectuales, aprenderá que «estar bien vestida, en buen humor y alegre al dirigir su familia, son las artes y ciencias de la vida femenina.»⁶⁴ Después de esto para Steele la vida de la mujer empieza y termina en el matrimonio.

Es realmente reformador al no aceptar su subordinación, la esposa debe ser la compañera y amiga del hombre, no su esclava. Es Jenny quien luego de un tiempo de casada enumera las cualidades del buen marido: «el cariño del amante, la ternura de un padre y la intimidad de un amigo.»⁶⁵

Steele de ningún modo expuso sus principios feministas como lo hicieron los reformadores. Su actitud atemperada pretende una mejor comprensión y apreciación entre los dos sexos. Quizás se deba a esto el triunfo de su periódico y de sus obras posteriores; durante veinte años

23

su cuidadoso tacto le permitió contribuir al feminismo sin el apasionamiento o parcialidad de los grupos existentes.

Con respecto al ensayo, ningún otro periódico antes que *The Tatler* logró un desarrollo tan pleno y ajustado a la forma periodística: «el nuevo periódico experimental encontró su medio dominante en el ensayo, y representó uno de los motivos del temprano, grande y extenso triunfo del primer periódico literario inglés.»[66]

El ensayo moderno creación de Montaigne, fue introducido en Inglaterra por Bacon. Antes que Steele, Defoe lo usa en *Weekly Review*, pero no alcanza la gracia y claridad desarrollada luego por Steele.[67]

Con Steele y Addison, el ensayo enriquece sus características originales: composición en prosa más bien breve, escrita en un esfuerzo tentativo y, adquiere una constitución flexible, con observaciones sabias y maduras acerca de la humanidad, dichas en un tono gentil, a veces humorístico, siempre directo. Esta forma periodística autónoma utilizada con un propósito de reforma, con predominio de temas éticos y sociales, es la que luego nutrirá el artículo costumbrista. Está aquí la importancia de *The Tatler* para el costumbrismo, el haber sido inspirador no sólo de muchos de los temas sino de la estructura breve y condensada del ensayo periodístico.

3— THE SPECTATOR

Está constituido por dos series de publicaciones diarias. La primera de marzo de 1711 a diciembre de 1712 con 555 números, conducida por Addison y Steele. La segunda de junio a diciembre de 1714 con 79 números, dirigida por Addison y Budgell. En total el periódico tiene 635 números. Aunque en la primera serie Addison y Steele comparten responsabilidades, las contribuciones de Addison son más numerosas. De allí la fuerza de la difundida expresión de Macaulay, «Addison is *The Spectator*».[68]

El título del periódico es aclarado por Addison en el primer número. Aquí queda plenamente explicitada su condición de espectador y observador del hombre y sus circunstancias.

> Así vivo en el mundo, más que como espectador de la humanidad, como uno de la especie; por lo cual me he hecho un especulativo hombre de estado, un soldado, un comerciante y un artesano...En resumen, he actuado en

todos los papeles de mi vida como un observador, que es el carácter que pretendo conservar en este periódico."⁶⁹

Mr. Spectator como Bickerstaff se esconde bajo una máscara, oculta su nombre, su edad y domicilio, si no lo hace así será arrojado de la oscuridad en la que tan satisfactoriamente ha vivido durante todos estos años. Su «temperamento taciturno» es una de sus características definitorias. Muchos descubrimientos útiles ha hecho y con ellos intenta contribuir al mejoramiento y entretenimiento de su país. Comparte con *The Tatler* el propósito de reformar las costumbres, combatir el vicio y la extravagancia, exterminar errores populares, difundir el buen gusto y recuperar a aquéllos «del desesperado estado de vicio y ridiculez en que la era ha caído.» Para ello sacará la filosofía de los anaqueles y bibliotecas y la diseminará en los Clubes, asambleas y Casas de Café.⁷⁰ A igual que Steele quiere mejorar la condición del ser humano alejándolo de la lectura de periódicos noticiosos. Inclinarlo hacia el conocimiento de él mismo, antes de lo que sucede en Moscú o Polonia, apartarlo de la ignorancia, pasión y prejuicio.⁷¹

El periódico va dirigido a los desocupados, a los que carecen de ideas propias y especialmente a las mujeres: «Pero para nadie este periódico será más útil, que para el mundo femenino. He pensado frecuentemente que no han sido suficientes las molestias tomadas para encontrar ocupaciones y diversiones apropiadas a las mujeres.»⁷² Será en este aspecto donde empiezan a marcarse las diferencias con *The Tatler*. La actitud de Addison hacia la mujer es más constante, elaborada y definitoria. En el citado No 10 señala su vida vacía, donde el arreglo personal es «su gran quehacer», las ocupaciones más serias son «coser y bordar» y la preparación de «jaleas y dulces.»⁷³ En el mismo ensayo promete una «instrucción agradable» y una «diversión útil», es decir con un procedimiento clásico, avivará la enseñanza moral con el humor y atemperará el humor con la moralidad.

The Spectator a diferencia de *The Tatler* deja de lado los temas políticos y en vez de la mezcla de tópicos aparece un ensayo único, separado, completo. Alcanza a tener 3000 publicaciones diarias, éxito para un periódico eminentemente literario y no noticioso.

Mientras en *The Tatler* las noticias provienen de diferentes Coffee-Houses, aquí se reemplazan por un Club dirigido por Mr. Spectator y asistido por un grupo de colaboradores representantes de las diferentes clases o secciones de la comunidad. Sir Roger de Coverly es el que funciona como creación más independiente. En él Addison ridiculiza al hombre de campo, mezcla de encanto y de ineptitud política, representante de un anacrónico y equivocado tipo conductor, inhábil para dirigir los asuntos agrícolas.

El segundo carácter más logrado es Will Honey Comb, el hombre de la moda, de él vendrá todo tipo de información del mundo de la mujer. Interesa su caracterización ya que puede ser un antecedente de las posteriores publicaciones de la moda femenina y masculina.

> El conoce la historia de cada moda, y puede informarle de cuál de las mujeres del rey francés nuestras esposas e hijas obtuvieron la manera de rizarse el cabello, el modo de colocarse sus capuchas; cuya fragilidad se cubre por tal clase de miriñaque, y cuya vanidad en mostrar su pie, hizo esa parte del vestido así de corto en tal año. En una palabra, toda su conversación y conocimiento pertenecen al mundo femenino.[74]

Este personaje le permite a Mr. Spectator la crítica del mundo superfluo de la mujer y de su preocupación por la moda. A través de él censura a aquéllos que siguen los dictados de la moda por fragilidad de convicciones, y por ser incapaces de vivir de acuerdo con ellos mismos. Quizás no sea desacertado pensar que aquí tuvieron su origen las revistas y periódicos referentes a *La Moda* o a *El Mundo de la Moda,* que circularon más trade.

Los otros colaboradores son Sir Andrew Freeport, encargado del comercio, Capitán Sentry que defiende la profesión militar, Templar que opina sobre teatro y literatura y el cura sobre teología y filosofía.

En el No 34 Addison luego de insistir sobre la variedad de temas que el lector puede encontrar, repite que su misión es la de atacar el vicio y ridiculez como lo hicieron antes Horacio, Juvenal y Boileau. A igual que Steele justifica su labor de censor pues está consciente de no ser aceptado por todos.[75] Hay algunos que sólo quieren encontrar en sus especulaciones entretenimiento y humor, otros serias disertaciones,[76] otros se acercan al periódico no como lectores, sino como inquisidores. No se desanima y resuelve «seguir de acuerdo a mi modo usual; y sin demasiado temor o esperanza por la reputación.»[77] Esta situación que refleja lo arduo y ríspido de la tarea de censor, como bien la definió Steele, «an irksome task», es un constante motivo de desazón para Addison.

Aunque en líneas generales *The Spectator* es una continuación de *The Tatler*, hay diferencias que se deben a la formación de Addison, mucho más académica y filosófica, y a la naturaleza literaria del periódico que permite más amplitud y variedad de temas. Hay mayor espacio dedicado al ensayo filosófico y de crítica literaria y teatral.

Debido a la variedad de temas solamente mencionaré aquéllos que de alguna manera pasan más tarde a constituir tópicos en los escritores costumbristas.

A) *Caracteres y comportamientos censurados*

Al continuar Addison la labor de censor iniciada por Steele y al tenerlo de principal colaborador en el periódico, se repite la crítica a los mismos caracteres y vicios de la sociedad. Aparece el pedante en sus variedades más comunes—el intelectual, el militar, el hombre del pueblo que sólo habla de las intrigas caseras—[78] el político, el mujeriego, el charlatán que desencaja con la sobriedad del carácter inglés.[79] Entre los vicios más combatidos están el alcoholismo que deforma y denigra a la persona y la pasión por el juego.[80] Inteligente y sabiamente interpretado el placer es necesario en la vida para «aliviar nuestras mentes y cuerpos de una atención y trabajo constantes», pero debe ser moderadamente experimentado ya que «la delicadeza en el placer es el primer paso que la gente de clase da para la reforma del vicio.»[81] De aquí la importancia de la discreción en el hombre, que lo guía y dirige «en las situaciones comunes de la vida.»[82] Será la discreción quien lo aconsejará en la vestimenta, evitando el ridículo de prendas demasiado llamativas o de aquéllas que no corresponden a su condición o status social.[83]

El «buen gusto» es la cualidad más sobresaliente del hombre, se advierte no sólo en el vestir sino en la moderación en las comidas y placeres. El buen gusto se cultiva con la buena lectura que enriquece la mente con las bellezas y perfecciones que otros han escrito. Es una facultad del alma «que descubre las bellezas de un autor con placer y las imperfecciones con desagrado.»[84]

Frente a la posibilidad de elección se debe seguir la voz de la razón y no la inclinación, ya que ésta puede adecuarse a la razón y no viceversa.[85] Es la razón la que puede controlar las relaciones humanas evitando sobrepasar en habilidad e ingenio a aquél a quien se sirve,[86] o imponer una compañía inoportuna al que se ha retirado a una soledad voluntaria.[87]

Aunque es partidario de una simplicidad e inocencia en el comportamiento humano, considera que sin un conocimiento del mundo puede resultar ridículo: «Cuando el hombre es enteramente puro, sin el menor grano de maldad en su interior, aparece ridículamente en muchas circunstancias de la vida, y frecuentemente destruye sus mejores acciones.»[88]

Una preocupación latente en todo el periódico es el mal uso del lenguaje. Varios son los artículos dedicados a «las corrupciones del discurso» cometidas inclusive por abogados y sacerdotes.[89] El uso excesivo de los cumplidos en la conversación ha provocado la pérdida del valor semántico de las palabras: «El mundo ha crecido tan lleno de simulación y cumplido, que las palabras de los hombres escasamente significan sus pensamientos.»[90]

El gusto por las alabanzas es una de las grandes enfermedades de la mente tanto para aquél que las practica consigo mismo, como cuando se las dice a otro. Generalmente no son más que una falsa máscara de estima.[91] La amistad es «la medicina de la vida» que cura los dolores y angustias de la existencia. Constancia, fidelidad, discreción, conocimiento y virtud son las cualidades de un buen amigo.[92] Pero aunque los placeres y ventajas de la amistad han sido largamente celebrados, «raramente nos encontramos con la práctica de esta virtud en el mundo», ya que son pocos los hombres que cultivan en sí mismos las cualidades mencionadas.[93]

La ambición en el ser humano es laudable, pero puede ser destructiva cuando sólo persigue la fama y gloria. Addison dedica varios números al análisis de la fama, se apoya en axiomas de escritores clásicos que esclarecen y enriquecen el enfoque. Piensa que entre los dos sexos la mujer es la más proclive a caer en esta vanidad, por su natural pasión a ser alabada y admirada.[94]

Le inquieta el comportamiento de los hombres en la iglesia y de los sirvientes con sus amos. En sucesivos ensayos analiza las obligaciones y derechos de los sirvientes, pondera las actitudes de sumisión y respeto en ellos, pero reconoce que a veces son víctimas de amos incapaces de poder gobernarse a sí mismos.[95]

Las ridiculeces, vanidades y vicios del hombre son en gran parte consecuencia de una mala educación. El proceso de formación en el ser humano debe empezar tempranamente, «ya que las primeras impresiones en la mente son siempre las más fuertes.»[96] Los ensayos sobre la educación de los niños escritos algunos por Addison, otros por Steele y la mayor parte por Budgell, insisten en la necesidad de estudiar y conocer al niño antes de someterlo a cualquier aprendizaje. Evitar forzarlo al estudio de ciencias o artes para las cuales no está inclinado y desarrollar sus talentos naturales mediante una educación adecuada a ellos: «en vez de adaptar los estudios al talento particular del joven, esperamos del joven que él adapte su talento a los estudios.»[97]

Sorprende encontrar a principios del siglo XVIII una concepción tan evolucionada acerca de la educación del niño. Los padres son objeto de frecuentes críticas por su inhabilidad para guiar y formar a los hijos. Muchas de las calamidades de los hijos son consecuencias de negligencias de los padres, o del mal uso del castigo: «El niño es castigado y al proximo día él comete el mismo crimen, y así al tercero, con la misma consecuencia.»[98]

B) *Concepto y situación de la mujer*

El tema de la mujer absorbe mayor espacio en *The Spectator* que en *The Tatler*. Con un planteo similar al realizado con Steele, trataré de mostrar cuál es la posición de Addison con respecto a la mujer en los tres aspectos mencionados: constitución y naturaleza, educación y misión en la sociedad.

En líneas generales los conceptos de Addison son más directos y menos galantes que los de Steele. Empieza diciendo que su periódico tendrá en cuenta especialmente la mujer y sus entretenimientos ya que: «Sus pasatiempos parecen haber sido diseñados teniendo en cuenta más que son mujeres que criaturas razonables; y se adaptan más al sexo que a la especie.»[99]

El está en desacuerdo con una separación de sexos que no considere a la mujer un ser racional. Desde este punto de vista su actitud estaría encuadrada dentro del grupo reformador. Sin embargo más adelante critica a aquéllas cuyas ocupaciones e intereses no corresponden a su propio sexo. Las virtudes femeninas no pueden irradiar fuera del ámbito doméstico: «ellas deberán esforzarse en hacerlas brillar con todos los otros méritos propios del sexo, y distinguirse más como tiernas madres y fieles esposas, que como furiosas partidarias.»[100]

Addison está en contra de las mujeres que adoptan posturas o partidos políticos, la mujer ha sido creada para «atemperar la humanidad y calmarla con su ternura y compasión.»[101] Luego esta misión de dulce pacificadora la excluye de muchas actividades racionales en la sociedad.

En oposición a los conservadores que consideran que su debilidad e inferioridad le impiden experimentar serios sentimientos en el amor, la prudente Arietta dice: «Uds. hombres son escritores y pueden representar a nosotras las mujeres, tan indignamente como a Uds. les guste en sus obras, mientras nosotras no podemos devolver la injuria.»[102]

Siguiendo esta línea *The Spectator* rechaza la «baja y degradante idea acerca del sexo» que considera a la mujer solamente como «objeto de exhibición».[103] Más de una vez exhorta a la mujer a que reconstruya en la sociedad su propia estima, que se aleje de la pasión por su propia belleza y de la preocupación por su arreglo y vestimenta.

Con un procedimiento similar a *The Tatler*—el de la descripción de distintos caracteres—aparecen la coqueta, la afectada, la prudente, la beata, la charlatana. Addison dedica todo el No 247 a la descripción de la mujer según su elocuencia. La sátira se mezcla con un humor juguetón cuando concluye que la lengua de una charlatana «estaba muy contenta cuando ella dormía, ya que no tenía un momento de descanso en todo el tiempo que estaba despierta.»[104]

La preocupación de Addison por la actitud de la mujer con la moda es constante, él mismo lo dice en el No 435, «marcará toda moda absurda o costumbre ridícula.»[105] Subraya el cultivo de «la virtud» y del «buen sentido», la virtud, la modestia y la discreción deben atemperar la excesiva inquietud por los adornos externos. Anima a las inglesas a que: «aventajen a las mujeres de todas las otras naciones en virtud y buen sentido, como lo hacen en belleza; lo que ciertamente lograrán si tan hábilmente cultivan sus mentes, como adornan sus cuerpos.»[106]

Las cintas, encajes, galones dorados y plateados son exponentes de «mentes débiles» o pobre educación cuando constituyen las únicas metas de la vida.[107]

El ataque directo y fuerte está dirigido tanto contra la amplitud excesiva de los miriñaques, como la altura y complicados peinados que semejan catedrales góticas.[108] La falta de discreción en el uso de «maquillajes» y de recursos artificiales que desfiguran y falsean el aspecto exterior, es expuesta crudamente por Will HoneyComb en el No 41. Aquí se presenta el caso de una demanda de divorcio, iniciada por el marido el primer día de casados, al comprobar en la mañana que la cara de su mujer no era la misma de la noche anterior. El segundo caso es experimentado por el propio Will HoneyComb, quien al observar a su amada maquillarse advierte desolado la desconcertante transformación.[109]

Addison piensa que muchas de estas debilidades en la mujer proceden de Francia y tienden a hacer «el sexo más fantástico, o (como a ellos les gusta decir) más despierto, incompatible con la virtud y discreción.»[110] En distintos números señala la indiscriminada invasión de adornos y estilos franceses y llega a desear que el Parlamento prohíba la importación de «French Fopperies». La influencia lamentablemente no queda en la moda, sino inunda también la lengua, alterando y corrompiendo la inglesa.[111]

Con respecto a la educación, Addison propone un cultivo simultáneo de la mente y del cuerpo. El error común en la educación de la hijas proviene de los padres cuyo único propósito es «hacer de ellas personas agradables» y hacia ello se dirigen todos sus esfuerzos. La gran «raza de coquetas» que inunda la sociedad no es más que una consecuencia de «esta general insensatez de los padres.»[112]

Con respecto a la situación o misión de la mujer, como *The Tatler* considera que la mujer debe brillar dentro de la vida doméstica. Todo lo que ella tiene que hacer queda reducido a las obligaciones de hija, hermana, esposa o madre: «Las virtudes domésticas se dan dentro del ámbito doméstico. La familia es el medio apropiado para que las damas se destaquen.»[113]

La mujer tiene una misión de pacificadora en el matrimonio, es la encargada de atemperar los celos del marido.[114] Las cualidades necesarias para un matrimonio feliz son «amabilidad», «virtud» y «discreción» que deben tenerlas ambos cónyuges. Como en *The Tatler* se defiende la situación de igualdad de la mujer en el matrimonio. La crítica a los maridos que reservan su mal trato e intolerancia para el hogar mientras fuera de él son las personas más agradables, se repite en varios ensayos.[115] Addison es también reformador cuando objeta a los padres que deciden sobre el matrimonio de sus hijos y los obligan a «un crimen demasiado odioso.»[116]

La vida matrimonial tiene su más fuerte apología; tanto Addison como Steele dedican varios números a convencer al hombre soltero que abandone el celibato. «El matrimonio alarga los instantes de felicidad» y otorga «todos los placeres de la amistad», permite el goce de deleites y de momentos afortunados desconocidos para el soltero.[117]

«El caso de celibato es el gran mal de nuestra Nación y la propensión a esta viciosa conducta de los hombres en ese estado . . . es la raíz de las más grandes irregularidades de esta Nación.»[118] Esta teoría de considerar el celibato como elemento destructivo de la prosperidad y gloria de la Nación, se remonta a Roma durante la época del emperador Augusto. Fue él quien culpó a los solteros de «disolver el gobierno, al desobedecer sus leyes», «traicionar al país» y «demoler la ciudad.»[119] Es oportuno señalar aquí que esta corriente tendrá en Buenos Aires con el periódico *La Argentina* su más ardiente defensa.

Como se puede observar Addison en su concepción de la mujer es como Steele ecléctico, aunque su sátira y humor la enfocan más asiduamente. Addison es reformador y feminista cuando insiste en la necesidad de educar a la mujer y puntualiza su relación de igualdad y compañerismo en el matrimonio. Es tradicional cuando estima que «las virtudes femeninas» deben relucir dentro de los límites del hogar.

Ambos periódicos marcan una etapa muy decisiva en el desarrollo del ensayo y artículo periodístico moderno. La actual columna periodística dedicada al hogar, moda, música, letras, arte, teatro, cosmética tuvo su origen en ellos. Sus influencias en el género costumbrista fueron no sólo determinantes sino como se verá revolucionarias en los muchos imitadores que tendrán en lenguas no inglesas. Sin embargo como Donald F. Bond puntualizó aludiendo sólo al orbe inglés: «Es fácil olvidar o desestimar, la revolución moral y de comportamiento que Addison y Steele ayudaron a originar, reforma que se ha convertido, es de esperar, en una parte permanente de nuestra civilización.»[120]

NOTAS

1. «I resolve to have something which may be of entertainment to the fair-sex, in honour of whom, I have invented the title of this paper.» *The Tatler and The Guardian* (London: Jones & Co., 1829), No 1, 1. Todas las citas corresponden a esta edición.
2. ibid.
3. No 271, 470-71.
4. W.J. Courthope, *Addison*, (New York & London: Harper & Brothers, 1902), 85 y sgtes.
5. Quicquid agunt homines...Nostri est farrago libelli, Juv. Sat. I, 85-86.
6. Alexandre Beljame, *Men of Letters and The English Public in the Eighteenth Century 1660-1744 Dryden Addison Pope*, introd. Bonamy Dobrée (London: Kegan Paul, Trench, Trubner & Co., 1948) nota p. 260.
7. «but I considered that severity of manners was absolutely necessary to him who would censure others, and for *that* reason, and that only, chose to talk in a mask.» *The Tatler*, No. 271, 470.
8. Richard Bond, *The Tatler. The Making of a Literary Journal* (Cambridge-Massachusetts: Harvard Univ. Press, 1971), 72.
9. ibid, 73.
10. ibid, 95.
11. *The Tatler*, No 144, 286.
12. No 14, 33.
13. No 76, 170.
14. «This work has indeed for some time been disagreeable to me, and the purpose of it wholly lost by my being so long understood as the author.» No 271, 470.
15. «This, and a thousand other nameless things, have made it an irksome task to me to personate Mr. Bickerstaff any longer; and I believe it does not often happen, that the reader is delighted where the author is displeased.» No 271, 471, también en No 168, 324.
16. No 139, 278, No 96, 207, también en No 71, 161, No 67, 151.
17. «it is my design to avoid saying anything of any person which ought justly to displease» No 4, 7, «I never designed in it to give any secret wound by my concealment» No 271, 470.
18. No 14, 33, también en No 71, 160.
19. «but spoke in the character of an old man, a philosopher, a humorist, an astrologer, and a Censor, to allure my reader with the variety of my subjects, and insinuate, if I could, the weight of reason with the agreeableness of wit.» No 271, 470.
20. No 13, 31.
21. No 14, 33.
22. No 15, 36.
23. W.S. Hendrix, «Quevedo, Guevara, Lessage and *The Tatler*,», *Modern Philology*, 19 (August, 1921), 177-186. Edwin Place, «A note on *El Diablo Cojuelo* and the French Sketch of Manners and Types», *Hispania*, 19 (May, 1932), 235-240. M. Ucelay Da Cal, *Los españoles pintados por sí mismos (1843-1844)* (México: El Colegio

de México, 1951), 51.

24. W. Hendrix, «Notes on Collection of Types. A Form of Costumbrismo», *Hispanic Review*, 3 (1933), 208-221.

25. R. Bond, *The Tatler*, 172.

26. William Rose Benét, *The Reader's Encyclopedia*, 2nd. ed. (New York: T. Crowell, 1965).

27. Arthur Dickson, *Valentine and Orson. A Study in Late Medieval Romance* (New York: Columbia Univ. 1929), 290.

28. José Escobar, *Los orígenes de la obra de Larra* (Madrid: Prensa Española, 1973), 106, 109.

29. «you will find rakes and debauchees are you men of pleasure: thoughtless atheists and illiterate drunkards call themselves freethinkers: and gamesters, banterers, biters, swearers and twenty new-born insects more, are in several species, the modern men of wit» No 12, 28.

30. «you must treat this custom with homour and raillery to get an audience, before you come to pronounce sentence upon it.» No 26, 62.

31. No 12, 29.

32. No 21, 48.

33. No 186, 351.

34. «These three characters are indeed of very rear resemblance, but differently received by mankind. Vanity makes men ridiculous, pride odious; and ambition terrible.» No 186, 351.

35. «There is no one thing more to be lamented in our nation, than their general affectation of every thing that is foreign.» No 41, 95.

36. No 25, 58.

37. Richard Bond, *The Tatler*, 143.

38. «a very much care and thought to marshal and fix the people under their proper denominations, and to range them according to their respective characters.» No 96, 207.

39. Nos 25, 57, 60, 213, 48, 66.

40. Richard Bond, *The Tatler*, 147.

41. «He had a wife and several children; but was much more inquisitive to know what passed in Poland than in his own family.» No 155, 304.

42. No 178, 339.

43. No 155, 305, No 178, 340.

44. No 189, 356, No 173, 331.

45. «the impertinent method used in breeding boys without genius or spirit to the reading things for which their heads were never framed.» No 173, 332.

46. No 181, 344-45, No 235, 419.

47. Rae Blanchard, «Richard Steele and the Status of Women», *Studies in Philology*, 26 (1929), 325-55.

48. Rae Blanchard, «Richard Steele . . .», *De l'égalité des deux sexes* . . . (1673), *De l'éducation des dames pour la conduite de l'espirit dans les moeurs* (1674), *De l'excellence des hommes contre l'égalité des sexes* (1675), 329-30.

49. «the soul of a man, and that of a woman, are made very unlike, according to the employments for which they are designed. The ladies will please to observe, I say, our minds have different, no superior qualities to theirs. The virtues have respectively a masculine and a femenine cast. What we call in men wisdom, is in women prudence. It is a partiality to call one greater than the other.» No 172, 330.

50. No 34, 80.

51. «the Minds of Women are less Cultivated with Precepts, and consequently may, without Disrespect to them, be accounted more liable to Illusion in Cases wherein natural Inclination is out of the Interests of Virtue.» *The Spectator*, 5 vols. (Oxford: The Claredon Press, 1965), I, No. 79, 338. Citas subsecuentes por esta edición.

52. «The prude and coquette, as different as they appear in their behaviour, are in

reality the same kind of women. The motive of action in both is the affectation of pleasing men.» *The Tatler,* No 126, 259.
53. No 4, 8, No 206, 308.
54. Nos 116, 151, 212, 52, 145.
55. «she who values herself only on her beauty, should be regarded by others on no other consideration.» No 61, 138.
56. No 248, 437.
57. ibid. y en No 210, 385-86.
58. «the great happiness or misfortune of mankind depends upon the manner of educating and treating that sex.» No 141, 282.
59. No 139, 279.
60. No 248, 437.
61. «I have often admired at the barbarity of parents, who so frequently interpose their authority in this grand article of life.» No 185, 356.
62. «will run away with people's understandings, in cases wherein they are under present uneasiness.» No 20, 45.
63. Nos 23, 30, 47.
64. «to be well dressed, in good humour, and cheerful in the command of her family, are the arts and sciences of female life.» No 75, 169.
65. «the fondness of a lover, the tenderness of a parent, and the intimacy of a friend.» No 104, 222.
66. R. Bond, *The Tatler,* 134.
67. ibid. 126 y sgtes.
68. Donald F. Bond, Introducción de *The Spectator,* LIX.
69. «Thus I live in the World, rather as Spectator of Mankind, than as one of the Species; by which means I have made my self a Speculative Statesman, Soldier, Merchant and Artizan ... In short, I have acted in all the parts of my Life as a Looker-on, which is the Character I intend to preserve in this Paper.» I, No 1, 4-5.
70. I, No 10, 44.
71. ibid, 45.
72. «But there are none to whom this Paper will be more useful, than to the female World. I have often thought there has not been sufficient Pains taken in finding out proper Employments and Diversions for the Fair ones.» No 10, 46.
73. ibid.
74. «He knows the History of every Mode, and can inform you from which of the French King's Wenches our Wives and Daughters had this Manner of curling their Hair, that Way of placing their Hoods; whose Frailty was covered by such a sort of Petticoat, and whose Vanity to shew her Foot made that Part of the Dress so short in such a year. In a word, all his Conversation and Knowledge has been in the female World.» I, No 2, 12.
75. I, No 34, 144.
76. I, No 179.
77. «to go on in my ordinary Way; and without too much Fear or Hope about the Business of Reputation.» I, No 4, 18.
78. I, No 105.
79. II, No 148.
80. IV, No 569, II, No 191.
81. «Delicacy in Pleasure is the first Step People of Condition take in Reformation from Vice.» II, No 258, 502, II, No 370, 395.
82. II, No 225, 372.
83. I, No 150, III, No 360.
84. «which discerns the Beauties of an Author with Pleasure, and the Imperfections with Dislike.» III, No 409, 528.
85. IV, No 447, 71.
86. III, No 394, 477.

87. I, No 24, 100 y III, No 424, 589.
88. «When a Man is made up wholly of the Dove, without the least Grain of the Serpent in his Composition, he becomes ridiculous in many Circumstances of Life and very often discredits his best Actions.» II, No 245, 450.
89. I, No 78, No 80.
90. «The World is grown so full of Dissimulation and Compliment that Mens Words are hardly any Signification of their Thoughts.» I, No 103, 430, IV, No 557.
91. II, No 238.
92. I, No 68.
93. III, No 385, 445.
94. I, No 73, 312.
95. II, No 137, I, no 107, y Nos. 96, 88.
96. III, No 337, 249.
97. «instead of adapting Studies to the particular Genius of a Youth, we expect from the young Man, that he should adapt his Genius to his Studies.» III, No 307, 108.
98. «The Child is punished, and the next Day he commits a like Crime, and so a third with the same Consequence.» II, No 157, 116.
99. «Their Amusements seem contrived for them rather as they are Women, than as they are reasonable Creatures; and are more adapted to the Sex, than to the Species.» I, No 10, 46.
100. «they should endeavour to outshine them in all other Accomplishments proper to the Sex, and to distinguish themselves as tender Mothers and faithful Wives, rather than as furious Partizans.» I, No 81, 349.
101. I, No 57, 242.
102. «You Men are Writers, and can represent us Women as Unbecoming as you please in your Works, while we are unable to return the Injury.» I, No 11, 49.
103. I, No 33, 140.
104. «was very glad when she was asleep, for that it had not a Moment's Rest all the while she was awake.» II, No 247, 460.
105. IV, No 435, 27.
106. «excel the Women of all other Nations as much in Vertue and good Sense, as they do in Beauty; which they may certainly do, if they will be as Industrious to cultivate their Minds, as they are to adorn their Bodies.» II, No 265, 533.
107. I, No 15, 67.
108. II, No 127, 5, I, No 98, 414.
109. I, No 41.
110. «the Sex more Fantastical, or (as they are pleased to term it) *more awaken'd* than is consistent either with Virtue or Discretion.» I, No 45, 193.
111. I, No 45, II, No 165.
112. I, No 66, 283.
113. «Female Virtues are of a Domestick turn. The Family is the proper Province for Private Women to Shin in.» I, No 81, 349.
114. II, No 170, 172.
115. II, No 236, 418, No 178, 203.
116. IV, No 437, 37, II, No 181, 213.
117. II, No 261, 516, IV, No 479, 198.
118. «The Case of Celibacy is the great Evil of our Nation; and the Indulgence of the vitious Conduct of Men in that State, . . . is the Root of the greatest Irregularities of this Nation. IV, No 528, 382.
119. ibid, 383.
120. D.F. Bond, Introducción a *The Spectator*, CIV.

CAPÍTULO II

DESLINDE SEMÁNTICO Y CRONOLÓGICO

1— ANTECEDENTES

El costumbrismo ha recibido al pasar del tiempo distintas interpretaciones. Se pueden diferenciar netamente dos corrientes críticas, la tradicional española y la norteamericana. La española juzga al costumbrismo como «género menor», «de corto vuelo», «limitación creadora»[1] y en función subsidiaria de las manifestaciones «mayores» de la literatura tales como la novela. Con este enfoque se habla de «la mediocridad de los inventores» y de la influencia no «siempre muy feliz» del costumbrismo en la novela.[2]

Esta crítica que tanta divulgación e influencia ha tenido no sólo en los estudios españoles sino también argentinos, ha sido revalorizada por la norteamericana. Gracias a ella el costumbrismo es estudiado en sí mismo y no en comparación con otras manifestaciones literarias. Se amplían los límites cronológicos, se exhuman autores hasta entonces desconocidos y se empiezan a estudiar más exhaustivamente las influencias extranjeras dentro del movimiento.

El concepto del costumbrismo como movimiento «típicamente español en tono y contenido»[3], se tambalea y las influencias decisivas de Addison y Steele y más tarde de Jouy y Mercier, se estudian y pormenorizan a través de publicaciones sueltas y de tesis doctorales. Sin embargo en la mayoría de ellos se considera un primer impulso «corriente tradicional española»[4] y luego una «revitalización»[5] a través de las influencias extranjeras.

Según este criterio, existe una corriente nacional en el costumbrismo que parte prácticamente desde los orígenes de la literatura española y se configura definitivamente como movimiento pleno entre los años 1830 y 1850, época de las grandes figuras costumbristas:

nez Calderón y Mesonero Romanos. Previamente a pardos del siglo XVIII, esta corriente recibió el impulso de dos países: Inglaterra y Francia, dejando huellas para arcatorias; para otros, que no afectan al tono y espíritu del movimiento nacional.

El problema de este criterio es que resulta sin sentido limitar cronológicamente el movimiento, ya que en el fondo es consustancial a toda la literatura española.

El estudio de los periódicos ingleses *The Tatler* y *The Spectator*—no solamente del contenido sino de las formas literarias que en ellos se originan—me ha permitido dilucidar lo que existe de genuino y de extranjero en el costumbrismo. Propongo entonces lo que denomino deslinde semántico cronológico donde estudio la descripción costumbrista, de origen y raigambre española y el artículo costumbrista, creación moderna que surge con la prensa moderna y se origina en los periódicos ingleses estudiados.

2— DESCRIPCIÓN COSTUMBRISTA

Dentro de descripción costumbrista cabe toda la literatura que de alguna manera representa la vida cotidiana del hombre y de la sociedad contemporánea al autor, las costumbres y hábitos de vida de individuos o grupos humanos. Estas descripciones no tienen existencia por sí mismas, se dan incorporadas al relato o a sus modos, en prosa o en verso, como capítulos o cuadros de un libro. Por lo tanto la descripción costumbrista no existe independientemente en el discurso. Las palabras de Gérard Genette con respecto al funcionamiento de la descripción, se pueden aplicar aquí: «La descripción es, naturalmente, *ancilla narrationis*, esclava siempre necesaria pero siempre sometida, nunca emancipada.»[6] La descripción costumbrista también representa «un elemento mayor de la exposición»[7] cuya función explicativa refuerza los contenidos del relato, pero por ser su «esclava» depende de su naturaleza y propósito.

Desde este punto de vista los límites cronológicos de la descripción costumbrista son amplios y vagos. En España se da esta vena realista ya desde *El libro de Buen Amor*, luego *La Celestina*, *El Lazarillo*, *El Guzmán de Alfarache*, *Rinconete y Cortadillo*, las sátiras de Quevedo, *El diablo cojuelo* de Vélez de Guevara.

Montgomery amplía la lista: las obras de Salas Barbadillo (1581-1635), *La hija de Celestina*, *El subtil cordobés Pedro de Urdemalas*, *Corrección de vicios* . . . y las de Castillo Solórzano

(1584-1647?) *Las harpías en Madrid* y *Coche de las estafas, La niña de los embustes, La garduña de Sevilla* . . .[8]

Considero también dentro de este apartado ya en el siglo XVII, a los tres autores que la crítica menciona como antecedentes más directos del movimiento costumbrista (1830-1850). El primero, Antonio Liñán Verdugo con *Guía y avisos de forastero* (1620), que presenta en ocho avisos y catorce novelas y escarmientos una variada colección de tipos humanos como tracistas, fulleros, busconas, rufianes y otros aventureros.

El segundo autor Juan de Zabaleta con *El día de fiesta por la mañana en Madrid* (1654) y *El día de fiesta por la tarde* (1660).[9] El propósito tanto de estas obras como la de Liñán Verdugo, es didáctico moralizador. En la primera parte aparecen un total de veinte tipos humanos, el galán, el adúltero, el poeta, el celoso . . . y en la segunda, un conjunto de escenas populares de la vida diaria. El objeto es mostrar cómo los fieles no cumplían o desvirtuaban las fiestas religiosas. Esta obra por contener los dos subgéneros del costumbrismo—pintura de escenas y de tipos humanos—y por su forma, ha sido considerada como «el modelo del ensayo costumbrista, perfectamente delimitado en todas sus dimensiones principales.»[10] A mi parecer por la absoluta intención religiosa moralizante de señalar cuáles son los deberes con Dios, por la larga extensión de las descripciones cargadas de interpolaciones y disgresiones que retardan la marcha, me es imposible aceptarla con lo que más adelante estudiaré como artículo costumbrista.

El tercer autor es Francisco Santos con *Día y noche de Madrid, discursos de lo más notable que en él se pasa* (1665), tiene también la peculiaridad de mezclar el fuerte tono moralizador con aspectos o descripciones costumbristas.

Dentro de esta línea Montgomery menciona el panfleto *Virtud al uso y mística a la moda, destierro de la hipocresía en frase de exhortación a ello, embolismo moral* (1729) de Fulgencio Afán de Ribera.[11] Aquí a través de tres cartas y veinte documentos se ataca más que a la práctica insincera, a las formas mismas de religiosidad. Mientras que en Zabaleta o Santos había una apasionada defensa de la religiosidad, aquí el tono es escéptico y burlón dirigido hacia la hipocresía de la fe. Esta obra por su fecha y temática sirve de enlace entre el Barroco y Neoclasicismo.

Ya en el Neoclasicismo, las *Cartas Marruecas* de Cadalso engrosarían la lista de obras que se basan en la observación de la realidad. Aquí se utiliza un artificio relacionado con el costumbrismo, el de las cartas de un viajero extranjero que critica y observa las costumbres. Es oportuno mencionar que aunque se ha repetido como antecedente las *Lettres persanes* (1721) de Montesquieu, este recurso tiene su origen en *The Spectator*, No 50, donde un indio iroqués es el crítico de las costumbres inglesas.[12]

Resumiendo se puede decir que la descripción costumbrista aparece en todas las obras mencionadas para representar la vida y las costumbres españoles. Primero se da con el auge de la novela, Siglo de Oro, integrada a ella en capítulos o escenas. Es indudable que la serie de episodios del *Lazarillo*, no son sino cuadros de la vida social ligados por la visión del pícaro. También en los trancos de *El diablo cojuelo*, el demonio entrometido y curioso, descubre la verdad que subyace en la farsa social. Pero estos ejemplos de descripción costumbrista están conectados a un personaje central que los sostiene y da vida, o sea no existen independientemente sino en función de la novela.

Con la decadencia de la novela en el siglo XVII, la descripción costumbrista se amolda a otra necesidad: el propósito teológico moralizante. Desaparece el personaje central a través del cual se observa la realidad. La descripción aunque se manifiesta más independiente de un argumento, está todavía integrada a un libro con una nota común, su sátira y didactismo están ligados a la moral religiosa. Los tipos y escenas—específicamente las obras de Liñán Verdugo, Zabaleta y Francisco Santos—no se conciben para pintar la conducta social, sino el significado moral de ella. No observan la sociedad para describir los resortes ético-sociales, sino para puntualizar la violación de las leyes divinas.

3— ARTÍCULO COSTUMBRISTA

La diferencia esencial entre descripción y artículo costumbrista reside en sus naturalezas diferentes. El artículo nace como publicación independiente y autónoma para un periódico, con interés y vida en sí mismo. La descripción surge sometida al relato mayor que la absorbe. Mientras la descripción es «esclava» de la narración, el artículo es dueño de sí mismo, autónomo y breve. Esta situación de sus naturalezas permite elaborar un cuadro con las categorías diferenciadoras más evidentes.

Artículo costumbrista	Descripción costumbrista
Inmanente Contiene toda la información en sí mismo: circunstancias, hechos, situaciones.	*Contingente* Su información complementa la de la obra que la contiene.
Estructura cerrada todo pasa dentro de él	*Estructura ensamblada* a las circunstancias y hechos del relato en el que se da.
Menor unidad con sentido completo no revela obligaciones narrativas con algo sucedido	*Mayor unidad con sentido incompleto* depende del «cursus narrationis»
Coincidencia temporal con su objeto acciones o acontecimientos considerados como procesos que reproducen la situación temporal de los acontecimientos restitución del curso del tiempo.	*No coincidencia temporal con su objeto* seres y objetos considerados en su simultaneidad, yuxtapuestos a los acontecimientos del relato suspensión del curso del tiempo.

Los elementos diferenciadores del cuadro permiten distinguir formal y funcionalmente el artículo costumbrista como creación independiente. El objeto de todo esto, es insistir en que desde los orígenes el artículo costumbrista se presenta como un organismo con caracteres que responden a una nueva situación histórico social: el nacimiento del periodismo. Su naturaleza es por lo tanto nueva, adecuada a los medios de publicación que le exigen amenidad y brevedad.

El artículo costumbrista es un producto del Neoclasicismo, profundamente encadenado al ensayo periodístico inglés tanto por sus propósitos y temática como por su estructura y funcionalidad. No es una creación española sino que su raigambre está en la forma vívida, condensada y directa del ensayo periodístico inglés. Procederé a analizar las condiciones de su nacimiento en España, puntualizando al mismo tiempo el legado inglés.

El nacimiento del artículo costumbrista en España se produce con la aparición del periódico a mediados del siglo XVIII. Históricamente se viven una serie de cambios, desaparece la casa de Austria y se produce el advenimiento de los Borbones. Como consecuencia llega la influencia del Neoclasicismo inglés y francés, se adoptan hábitos, costumbres y formas de vida extranjeras.

El arribo del espíritu filosófico crítico y del progresismo y racionalismo neoclásicos configuran un nuevo ambiente intelectual. Evoluciona la tradición teocrática hacia el secularismo. Aparecen el periódico y la revista literaria, que permiten la propagación de ideas extranjeras acerca de la política y de la vida social. Con un fenómeno similar al de Inglaterra, aquí también crece el número de lectores ávidos de ilustración no solamente a nivel político, sino sobre aspectos y asuntos de la vida humana en su contacto con la sociedad.

El artículo costumbrista nace según Montgomery en 1750 con *Noche Fantástica* de Eugenio García Baragaña. Está dedicado principalmente a la descripción de la técnica del toreo. Montgomery lo juzga «un excelente ensayo costumbrista con fondo picaresco y color.»[13]

Su nomenclatura es vacilante: ensayo, artículo, cuadro. Esta última gozó de mayor popularidad entre los mismos escritores costumbristas y según Montgomery fue en el *Correo de los Ciegos de Madrid* (1787), cuando se usa por primera vez. La preferencia en este trabajo por la denominación artículo costumbrista no es casual, creo que refleja más cabalmente su origen y naturaleza: nace con el periodismo y debe adecuar su estructura a este medio de publicación.

El artículo costumbrista español surge en el siglo XVIII, con caracteres similares al ensayo inglés de Addison y Steele. Como en estos el propósito es el de mejorar al ser humano y su convivencia con los demás. Para ello se censuran los vicios y ridiculeces del comportamiento humano, se alaban las virtudes ortodoxas de la humanidad y las actitudes racionales y mesuradas.

Como se vio antes en *The Spectator* y *The Tatler*, aquí también los autores en su misión de censor o de «counsel of manners» se esconden bajo un seudónimo ya que como dijo Bickerstaff esto facilita la expresión de la crítica.[14] Este censor es también un hombre de edad, con conomicimientos y experiencias vitales. Es espectador, observador o conversador, cualidades que lo habilitan para conocer a mucha gente y caracterizarla en sus rasgos más representativos. Es además reservado, taciturno y curioso; su soltería le confiere mayor libertad en sus relaciones humanas.

Los Pensadores, Observadores, Duendes o Curiosos Parlantes—como Mr. Spectator y Bickerstaff—se quejan de su desagradable misión entre los hombres y del escaso triunfo obtenido en la reforma social. Se preocupan especialmente de no ofender a nadie, su sátira no focaliza individuos sino tipos humanos. De aquí surge el costumbrismo de «tipos», subgénero del costumbrismo. A través de él se estudia el aspecto físico, sicología, costumbres y vida de un carácter representativo de una clase social o de un estrato ideológico o profesional.

Ya se señaló cómo fueron Steele y Addison en Inglaterra quienes revitalizaron los *Caracteres* de Teofrasto, con la introducción en sus ensayos de descripciones de distintos tipos profesionales, sicológicos o ideológicos. Luego este subgénero del costumbrismo, el de tipos humanos, está íntimamente relacionado con los caracteres descriptos por Addison y Steele.

En cuanto a la forma, el antecedente es otra vez el ensayo periodístico inglés. Fueron Addison y Steele quienes lograron la decantación del ensayo otorgándole una constitución flexible, que encerraba observaciones acerca de la vida diaria con un tono a veces humorístico, a veces satírico pero siempre directo. Este ensayo lo veremos en su esencia ser cultivado por los españoles, tendrá también un predominio de temas éticos y sociales, enseñará una lección social o moral o solamente servirá para entretener.

El artículo costumbrista como el ensayo inglés carecerán de elementos teológicos o religiosos. Es por esto que es imposible aceptar como artículos costumbristas los «cuadros» de Liñán Verdugo, Zabaleta y Santos por las largas disquisiciones religiosas y morales, pesado lastre que atenta con la paciencia del lector actual.

Indudablemente es el Neoclasicismo quien faculta que el concepto del hombre se desprenda de lo teológico y se acerque a lo político, a lo ético-social. Es mi intención demostrar lo anteriormente mencionado como caracteres definitorios del artículo costumbrista español, a través del estudio comparativo de *The Tatler* y *The Spectator* con *El Pensador* de Clavijo y luego con las obras periodísticas de Larra y Mesonero Romanos.

4— CLAVIJO Y FAJARDO

De los tres autores a estudiar Clavijo y Fajardo es quien presenta más similitudes con Steele y Addison por estar plenamente inscripto dentro del Neoclasicismo, y responder al movimiento racionalista progresivo.

José Clavijo y Fajardo (1726-1806) o José Alvarez y Valladares, su seudónimo de escritor, figura en España como el más ardiente simpatizante del enciclopedismo francés. De origen canario, se educó en Francia. Fue protegido del conde de Aranda, primer ministro de Carlos III y de Grimaldi, quien le subvencionó la traducción de varias obras francesas. Ocupó diversos cargos: director de los teatros de Madrid, secretario del Gabinete de Historia Natural y redactor del *Mercurio*, periódico oficial de la Secretaría del Estado.

La obra que lo hizo famoso fue *El Pensador* (1762-63 y 67) que es la publicación periodística más importante de mitad de siglo, conocida esencialmente por los ensayos dedicados a criticar la comedia española que se inician en el Pensamiento III y continúan en el IX, XX, XXIII y XXVII. A través de ellos censura el atraso material en la escenificación, la falta de preparación de los cómicos y otros defectos genéricos del teatro. Su crítica también focaliza los autos sacramentales: su propósito, lugar de representación, actores y modo de actuación. Esencialmente se verá aquí *El Pensador* como un continuador en España de *The Spectator* y en menor medida de *The Tatler*.

Los paralelismos entre Clavijo y Fajardo y *The Spectator* fueron señalados ya en 1936 por H. Peterson.[15] Es mi propósito ampliar las notas dadas por el crítico norteamericano y mostrar los puntos de afinidad con *The Tatler*.

Se ha repetido mucho que Clavijo y Fajardo conoció a Addison a través de la traducción francesa. Sin embargo la presencia de algunos anglicismos «librería» por biblioteca en pasajes tomados del inglés,[16] y el no haber podido encontrar si hubo en esa época traducción francesa de *The Tatler*, me hace suponer como probable el hecho de que Clavijo y Fajardo, hombre de letras, haya leído las obras en ambos idiomas.

La caracterización de *El Pensador* como periódico costumbrista fue perfectamente establecida en 1931 por Montgomery:

> El periódico de Clavijo contiene más ensayos que cualquier publicación de 1830, cuando los grandes costumbristas comenzaron sus tareas periodísticas. Hay doce definitivos ejemplos del género entre los 86 números del periódico, mientras otros pensamientos o números son costumbristas en tono general.[17]

El número de los ensayos costumbristas es ampliado en el trabajo de Peterson que cita doce más, uno de los cuales coincide con los dados por Montgomery. En resumen sobre un total de 86 Pensamientos, 22 han sido reconocidamente costumbristas, número que se extenderá en este trabajo.

El Pensador o *El Pensador Matritense* como indistintamente se llama aparecía los sábados. Comprende cinco volúmenes en 8 menor, agrupación que parece haber sido simultánea a la publicación de los Pensamientos. Precisamente en el No XXVIII que encabeza el tercer volumen, declara haber llegado a dicho volumen.[18] Cada Pensamiento abarca diferentes tópicos, esencialmente de reforma ético-social y de crítica teatral, se analizarán los primeros pues los otros caen fuera de los límites de este estudio.

Solamente los volúmenes I y II llevan un epígrafe latino. En el primero, de Horacio y en el segundo, de Juvenal que es el mismo que encabeza *The Tatler* y se mantiene durante varios números. Este epígrafe como ya expliqué sumariza la actitud de Steele en el periódico,[19] actitud que parece compartir Clavijo y Fajardo: «Quidquid agunt homines, votum, timor, ira, voluptas, / Gaudia, discursos, nostri est farrago libelli. Juvenal, Sat. I.»[20] A Clavijo y Fajardo como a Steele le preocupa lo que el hombre hace, dice o piensa, todas las acciones de los hombres son para él motivo de sus Pensamientos: «La menor cosilla en orden à las costumbres, à la política, al idioma, ò a qualquiera de aquellas, que miran à la sociedad, à la vida, à la Artes, y a las Ciencias excita mi imaginación.»[21]

En el No 4 Steele dice: «como mi máxima latina en la primera página informa a Uds., tomaré cualquier cosa que se presente como materia para mi discurso.»[22]

El Pensador como Mr. Spectator, va a los cafés, paseos, teatros, tiendas; observa y dialoga con la gente.[23] En la Puerta del Sol aprende más acerca del ser humano en un día, que si hubiera ido a una universidad durante diez años.[24] Y mientras Mr. Spectator ha hecho «descubrimientos muy útiles»,[25] él tiene «el cerebro lleno de ideas.»[26]

Está aquí el punto de partida de sus Pensamientos: la necesidad de comunicar sus observaciones para «mejorar à los hombres» ya que frente a los diversos defectos humanos, «todos tenemos el no querer conocer los propios, ò el de tratarlos con una indulgencia, que llega à ser ceguedad.»[27]

El Pensador a igual que Steele y Addison, advierte que el hombre se interesa más en la política que en él mismo: «Razón será, que antes de informarnos por la Gazeta de las Guerras, de las Alianzas, y demás en que interesa a la curiosidad, bolvamos los ojos, y nos informemos de lo que pasa entre nosotros, y en nuestros mismos interiores.»[28]

Mr. Spectator dice: «Es mejor acceder al conocimiento de uno mismo, que escuchar qué pasa en Moscú o Polonia.»[29]

La labor de reforma de El Pensador se dirige también hacia la mujer que ha olvidado el cultivo del espíritu por preocuparse sólo de la belleza exterior: «Los adornos del cuerpo han robado à vms. siempre toda la atención. ¿Y los del espíritu?. Se han tratado con pereza, y con descuydo, o se han quedado de el todo olvidados, que es lo más común.»[30]

Mr. Spectator igualmente escribe para las mujeres ya que: «El vestirse es su gran tarea y el exacto arreglo de su cabello la ocupación principal de sus vidas.»[31]

El Pensador declara que quedará fuera de sus reflexiones la política: «Los asumptos del Govierno, su plan, ni sus máximas, tampoco me inquietan, ni tientan mi curiosidad.»[32] Esta particularidad es asimismo compartida por Mr. Spectator: «he resuelto observar una exacta neutralidad entre los Whigs y los Tories.»[33]

Otra nota común con los periódicos ingleses es la necesidad de puntualizar que su crítica no alude a específicos individuos, sino es general:

> por ningún motivo excederé los limites de una Crítica general. Veo muy bien que quando pinte para la censura un vicio avrá quien acomode las lineas à la Fisonomia que se le antoje; pero esta será culpa personal del que haga la aplicación.[34]

> no puedo conseguir que vms. se persuadan à que las Críticas que hago de los vicios no tienen persona alguna determinada por objeto, y que ninguna cosa procuro con mayor cuidado, que el no hacer retratos, que puedan parecerse.[35]

Bickerstaff advierte que su sátira es de tipos sociales no de «específicas personas», que ha tomado especial cuidado en no inferir «ninguna herida secreta» aunque está consciente que más de uno «se resentirá ante el carácter enfermo» producido, «temerosos de que les haya llegado su turno.»[36] Igualmente Mr. Spectator en el No 16 cuando invita a sus lectores a que le envíen cartas, aclara que si bien ataca el vicio no lo hará a través de ejemplos individuales, por lo tanto pide a sus corresponsales que no lo informen sobre casos particulares.[37] Las columnas dedicadas a la correspondencia con sus lectoras también las tiene El Pensador, a quienes les ofrece que le escriban sobre diferentes asuntos que serán publicados gustosamente.[38]

La caracterización de El Pensador como censor de la sociedad es igual a la de sus modelos ingleses, es «taciturno», «pensador» y nunca hace «traición» a su «querido silencio». Quiere apartar al hombre de «los vicios, y las ridiculezes,»[39] como antes Mr. Spectator intentó «recuperarlo de ese desesperado estado de vicio y necedad.»[40] La reforma de las costumbres y el señalar constantemente los defectos humanos es asimismo «an irksome task» y muchas veces está consciente de no poder complacer a todos.[41]

Como aquéllos se lamenta del lento progreso obtenido en su misión de censor, y procede en la descripción de caracteres con un efecto similar de contraponer lo positivo a lo negativo. Las actitudes racionales y mesuradas se enfatizan en oposición a las debilidades del ser humano.

A) *Caracteres y comportamientos censurados*

Debido a la extensión y tamaño del periódico mucho menor que los ingleses, el material a analizar disminuye. Dentro de los tipos humanos censurados desfilan el usurero, el petimetre, el pedante, el médico charlatán, el cortesano, el soberbio, el maldiciente ...

El tratamiento del pedante y de sus distintas clases ya lo hicieron Steele y Addison. En los Nos. 158 y 165 de *The Tatler* mencioné al intelectual y al crítico teatral.[42] Más tarde *The Spectator* en el No 105 enfoca al militar, al que sólo habla de las intrigas domésticas y al intelectual.[43]

Peterson considera el Pens. XI de Clavijo y Fajardo una imitación del No 105 de *The Spectator* porque ambos tratan el militar pedante y el intelectual, «pero fuera de estos, los tipos difieren en los dos ensayos.»[44] Addison define al pedante como «aquél que fuera de su profesión o de su particular modo de vida, no sabe pensar.»[45] El enfoque de Clavijo y Fajardo es acerca del que quiere sobresalir en una conversación y pretende hablar de temas que no entiende, en vez de callar prudentemente: «Tan cierto es, que la facultad de admirar lo que no se entiende está arraygado en las almas vulgares, que no quieren comprehender que para no entender, ò no decir nada, lo mejor es callar.»[46] Esta vacía fluidez en la conversación se advierte en los que derraman latines, o los que hablan usando «palabras sublimes» o «científicas».[47] Desde este punto de vista el ensayo responde más al No 244 de *The Tatler*. Aquí se habla de la pedantería en la elocuencia que se origina, «de una ambición por exceder, o más precisamente de brillar entre los acompañantes» y se da en los hombres de «débil capacidad,» luego «un pedante entre los hombres instruidos y con sentido, es como un sirviente ignorante contando una conversación educada.»[48]

La compaña contra el petimetre es también severa. El Pensador ridiculiza su atildada vestimenta, la excesiva preocupación por su arreglo lleno de «galones» y «ricos encages», su caminar con «pasos de rigodón, y de minuete» y la «tienda de dixes» colgada de los relojes.[49]

En varios ensayos de *The Tatler* y *The Spectator* se advierte en contra de los falsos médicos o charlatanes de medicina. Se descubren los «artificios incontables» con que «atrapan las mentes del vulgo,»[50] quienes son engañados con «nuevas promesas de lo que nunca se logró antes.»[51] En el Pens. LXIX «Crítica contra charlatanes.» Clavijo y Fajardo también ataca al falso médico y justifica su existencia en «la necedad de otros hombres»:

> un Charlatán de Medicina, que sin mas principios que los de su codicia, y sin mas licencias, que las de la necedad de otros hombres, se introduce à Médico, con el pretexto de poseer ciertos secretos, conque pretende curar algunas dolencias en particular, ò en general toda suerte de enfermedades.[52]

Esculapio el médico que receta «mil medicamentos» y va probando día a día diferentes tratamientos hasta que al final el enfermo muere, aparece en el Pensamiento X.[53]

La «Vida ociosa de algunos caballeros» es descripta en los Pensamientos XXI y LXIII. En el primero, se enfoca nuevamente al petimetre y se lo sigue a través de las actividades realizadas durante un día. Se acuesta con guantes para conservar la blancura de sus manos y con papeles rizadores en el pelo.[54] A la mañana siguiente luego de decidir con un criado el traje que usará, pasa al tocador. Aquí auxiliado por otro criado, emplea toda la mañana en colocarse polvos y hacerse el peinado, después sale en coche a mostrarse. En la tarde va a la comedia o al paseo, a la noche a la tertulia o al baile.[55] En el Pens.

LXIII llega a la conclusión de que el hombre pierde su tiempo en acciones vacuas e inconsiderables y para que tome conciencia de su ociosidad recomienda, como antes lo hizo Addison, que cada uno lleve un diario de su vida.

> Todo esto me hacia desear, que los hombres se dedicasen à tener un diario exacto de sus acciones, para que en él viesen como el tiempo se les huia de entre las manos.[56]
>
> Recomendaría a cada uno de mis lectores, llevar un diario de sus vidas por una semana, y anotar puntualmente toda la serie de tareas durante ese espacio de tiempo.[57]

Ambos ejemplifican la ociosidad, transcribiendo de diarios de hombres las acciones realizadas durante una semana. El procedimiento semejante fue señalado por Peterson, aunque las actividades del empleado de oficina de Clavijo son diferentes de las del ciudadano de Addison, que goza de una renta anual.[58]

El tiempo y el uso de él motiva las reflexiones de El Pensador y Mr. Spectator. Cómo frecuentemente no se vive el presente, por recordar el pasado e imaginar el futuro.

> Solo el tiempo presente es nuestro; que el venidero no ha llegado; y que el pasado, que ya no subsiste, solo puede bolver à existir à el modo, que los padres reviven en sus hijos.[59]
>
> Anoche ciertamente se ha ido, y mañana quizás nunca llegue: usa este instante.[60]

La «natural curiosidad» de El Pensador lo «conduce à todas partes à examinar ... los vicios y las ridiculezes de los hombres,»[61] así va a los templos y enumera «la irreverencia conque se asiste» a ellos.[62] La falta de devoción fue también tema de muchos números de The Spectator. En el No 50 Addison usa el artificio de haber encontrado papeles de un indio iroqués, que visitó Gran Bretaña. En ellos se hace la crítica a las costumbres y especialmente al comportamiento de los fieles en la iglesia: «No pude observar ningún signo de devoción en su comportamiento, ... muchos de ellos estaban saludándose y reverenciándose unos a otros, y un número considerable dormía.»[63]

Este procedimiento de describir las costumbres a través de la mirada ajena del viajero, se convierte en una herramienta común a todos los escritores costumbristas y fue inaugurado por The Spec-

tator. Clavijo y Fajardo lo usa igualmente en el Pens. XLIV «Carta de Ibrahem Ali Golou escrita à Abdeluex Ben-Hussein,» donde Ali Golou que es turco pinta las costumbres religiosas de los españoles. Como ya señaló Peterson, el pasaje introductor de este Pensamiento es una imitación del No 85 de *The Spectator*.[64]

> Entre las costumbres de los Mahometanos me ha parecido siempre muy graciosa la de recoger los pedazos de papel escrito, que encuentran, guardandoles con cuidado, por si contienen algunas palabras de el Alcoran; y por cierto, que en esto de recoger, y guardar papeles, se pudiera haver hecho de mi un Musulman perfecto.[65]

> Es costumbre entre los Mahometanos que si ven algún papel impreso o escrito sobre el suelo, lo levantan y lo dejan aparte cuidadosamente, al no saber si puede contener algún fragmento de su Alcorán. Debo confesar que hay mucho de musulmán en mí.[66]

El temor a la muerte puede llegar a ser destructivo cuando conduce a tratamientos preventivos de enfermedades imaginarias. Nuevamente Clavijo se inspira en Addison al describir un personaje cuya única preocupación es el cuidado de su salud.[67]

> Tengo la desgracia de ser de una Tribu, que acostumbran llamar de los Valetudinarios, y confieso, que he contraido este habito ridiculo del cuerpo, ò mejor decir, del entendimiento leyendo muchos libros de Medicina.[68]

> Yo soy uno de esa enferma Tribu que es comunmente conocida con el nombre de Valetudinarios y debo confesar a Ud., que contraje al principio este hábito nocivo del cuerpo, o mejor de la mente, con el estudio de la Medicina.[69]

La superstición y hechicería, índice del escaso desarrollo cultural de un pueblo abarca el Pens. XXV, fusión de los números 7 y 117 de *The Spectator*.[70] En la primera parte se describe la consternación de una familia ante un sueño tenido por la madre, pronóstico de desgracia y grandes males. Durante la cena el más insignificante detalle en la actitud de los comensales, es presagio de fatalidades.

> Dias pasados fui à comer con un antiguo conocido mio, cuya familia tuve el desconsuelo de hallar en la mayor cons-

ternación; y haviendole preguntado el motivo de tanta tristeza, me respondió, que su muger havia tenido la noche pasada un sueño muy extraordinario, que le pronosticaba alguna desgracia a él, à su muger, ò à sus hijos.[71] Ayer fui a cenar con un antiguo conocido y tuve la desventura de encontrar a toda la familia abatida. Después de preguntarle el motivo, él me dijo que su esposa había tenido un sueño muy extraño la noche anterior, y ellos temían que fuese el portavoz de alguna desgracia para ellos o los hijos.[72]

La descripción de una hechicera, en la segunda parte del Pens. XXV, es una copia de la de Addison.

Me estaba pensando en Antigola con un amigo mio, quando se acercó à mi una vieja para pedirme limosna. Su trage, su figura me trageron à la memoria una discreción, que he leido en un Autor, que si bien me acuerdo, venia à decir asi.[73]

Estaba caminando con mi amigo Sir. Roger al lado de uno de sus bosques, y una mujer vieja me pidió limosna. Su vestimenta y figura me trajeron a mi mente la siguiente descripción de *Otway*.[74]

La afectación de adoptar costumbres y palabras extranjeras, tratada en el No 41 de *The Tatler* y 45, 165 y 246 de *The Spectator*, aparece también en el Pens. XII.[75] Aquí Clavijo critica al que va a Francia e influenciado por la moda y la lengua, finge al regresar haber olvidado todo de su país natal.[76]

Como en los ensayistas ingleses la necesidad e importancia de la educación en la reforma de las costumbres, se expone a lo largo de todo el periódico. De la educación depende la felicidad o desgracia de la humanidad: «la felicidad, y la salud de los pueblos consisten en el cuydado de formar la juventud, y aun la infancia de sus individuos.»[77] Steele en *The Tatler* dice: «la gran felicidad o desventura de la humanidad depende del modo de educación y adiestramiento.»[78]

La influencia nefasta de los padres, de los procedimientos o conocimientos inadecuados a la formación de la personalidad del hijo, es revelada en la carta de un joven: «tengo ocioso el entendimiento, y soy un individuo indigno de la comunicación de los demás.»[79] Este «inapropiado método usado en la educación de los jóvenes» ya se vio en *The Tatler* y *The Spectator*.⁸⁰ Como Steele, Clavijo considera que los viajes de la juventud al extranjero, son una experiencia que requiere formación y madurez.

Para conocer lo que hay en los Países Estrangeros, es forzoso saber antes lo que hay en el nuestro, racionar con solidéz, y poseer un espiritu de reflexion, que rara, ò ninguna vez se encuentra en los pocos años.⁸¹

El viajar es realmente el último paso a dar por la juventud y empezar con él es iniciar con lo que se debería terminar.⁸²

Las reflexiones sobre la educación tratan de cubrir todas las facetas del desarrollo del ser, desde su nacimiento hasta su madurez. En este intento no olvida la deficiente educación impartida por los ayos a los hijos de ricos.⁸³

B) *Concepto y situación de la mujer*

El tema de la mujer es una constante en *El Pensador*. Aunque en gran parte sigue los conceptos ingleses, Clavijo y Fajardo es más tradicional. Su criterio responde más a la moral cristiana que a la corriente racional feminista, es una aleación de la actitud conservadora con la galante.

El Pensador es conservador al estimar que la situación de la mujer en la sociedad, está determinada por la costumbre y la ley. Por lo tanto alaba las «virtudes pasivas»; la virtud y la discreción son «los cimientos solidos, sobre que deven vms. fundar todo el edificio de su fortuna.»⁸⁴ Desde este punto de vista también sigue a Steele y Addison como ya se estudió.⁸⁵ El Pensador es galante en sus conceptos acerca de la belleza y fragilidad del sexo. La mujer es entonces «la amable, la piadosa, y la más bella mitad del género humano,»⁸⁶ a quien él «venera y estima.»⁸⁷

La misión de pacificadora de la humanidad señalada por Addison, aparece también en El Pensador.⁸⁸ Para Addison la mujer ha sido creada para «refinar los deleites y suavizar las preocupaciones de la humanidad.» El Pensador dirá, «son vms. las que suavizan las amarguras de la vida humana.»⁸⁹

Como aquéllos El Pensador insiste en que la mujer se aleje de los «adornos del cuerpo» a los que sacrifican todos sus desvelos, ya que es «insensatez el ensobervecernos por aquellas prendas, que nos concedió solo» la liberalidad de la naturaleza.⁹⁰

El modo esgrimido por El Pensador para que la mujer evite ser sólo un objeto decorativo, es el mismo que aparece en *The Spectator* en el ensayo acerca de Laetita y Daphne.[91] Aquí también se oponen dos hermanas una bella y la otra no, Cecilia «se halló precisada à cultivar su entendimiento à fin de contrabalancear con las prendas de su alma la hermosura, que para su hermana era un asunto de elogios.»[92] Esto hace de ella una atractiva compañera, mientras su hermana resulta insípida y anodina. Pero la imitación de Clavijo continúa, un caballero enamorado de la belleza de Antonia advierte pronto su superficialidad y atraído por el «buen genio» de Cecilia, le propone matrimonio.

Otro carácter criticado es el de la beata que abandona el hogar y los hijos, por ir a misa a la mañana y a la tarde.[93] La ridiculez de este comportamiento fue censurada por *The Spectator*, que lo juzga «un agravio a la verdadera religiosidad.»[94] No podía faltar la sátira a uno de los más visibles defectos de la mujer, su excesiva locuacidad. En el No 247 Addison analiza las distintas clases de «Female Orators»,[95] el segundo tipo, el de la mujer que con gran facilidad de invención puede disertar acerca de insignificantes hechos, inspira el Pens. LXIV.

> Yo conozco Señora, que de repente hace una disertación de dos oras sobre la picadura de un mosquito, ò sobre el corte de unos buelos; y he visto otra, que todo un dia entero estuvo declamando contra la criada, que le havia roto el espejo.[96]

Esta «debilidad» de «hablar siempre»[97] acerca de «puras bagatelas,» es censurada en varios Pensamientos.[98] Consecuencia de esto son las tertulias en las que se «despedaza al proximo», «se rebuelven las familias . . . se siembra la zizaña.»[99] Aquí las madres «indulgentes» entretenidas en las mesas de juegos, no advierten que sus hijas pasan «el tiempo en conversaciones secretas» con jóvenes que seguramente no les enseñarán «las mejores maximas de decencia y pudor.»[100]

Así como antes describió la vida ociosa de los hombres, ahora lo hace de las mujeres, esta vez se inspira en *The Tatler*, «Día de una mujer desocupada.»[101] Igualmente una mujer luego de levantarse, empieza a reñir con los criados; entra al tocador y está dos horas arreglándose; envía recados o papeles inútiles, come, va a pasear o hace visitas.[102]

El Pensador comparte con Addison la idea de que sería un importante servicio para las damas «apartarlas de las manos de los falsos médicos y farsantes,» quienes fácilmente las engañan con inauténticos modos de preservar la hermosura.[103]

Las diferencias entre Clavijo y Fajardo y los ensayistas ingleses, empiezan a producirse en los otros dos aspectos a ver en la mujer: educación y situación en el matrimonio. Precisamente son estos rubros los que más sensiblemente evidencian un conflicto entre el tratamiento conservador y el reformador. El conservador no considera que la mujer deba tener una educación similar a la del hombre, pues éste perdería su soberanía y predominio en el hogar y la sociedad. Tampoco la mujer en el matrimonio puede ser su compañera y amiga. La relación de igualdad y no de subordinación apoyada por Steele y Addison está ausente.

Con respecto a la educación, Clavijo y Fajardo es conservador. La mujer no adquirirá su educación en las aulas sino: «En el estrado, con la labor, y con el medio de conversación, puede aprender; y sin afán, gasto, ni fatiga, puede una Dama instruirse.»[104] Claramente declara que no necesita ni «filosofia» ni «las lenguas muertas.» Promete que en otra ocasión les informará acerca de los estudios más convenientes, «y si fuere preciso les formaré su libreria.»[105] Esta promesa retrotrae a la hecha antes por Steele y Addison, con la diferencia de que aquí no se cumple. Parece que realmente Clavijo no tuvo intención de tratar detalladamente la educación sistemática de la mujer, esencialmente como ya lo declaró, la mujer se instruye y forma dentro del hogar.

Sí comparte con los ensayistas ingleses la actitud de responsabilizar a los padres de la formación de sus hijas.[106] Las vanidades y superficialidades de éstas se deben a los progenitores, quienes se preocupan del adorno del cuerpo y no del cultivo de la mente: «Que los Padres abran los ojos, y se dediquen á desempeñar una obligación que les ha impuesto la Naturaleza, la Religion, y el honor.»[107] Son ellos los que fomentan los «sentimientos de vanidad y de orgullo,» y sólo las preparan para «agradar, y cautivar à los hombres, como si fuese el ultimo, y principal fin de su sexo.»[108]

El Pensador recibe frecuentemente cartas de sus lectoras, que denuncian la ligereza e irreflexión de los padres con respecto a la educación. Gracias a ellos se han convertido en lindas muñecas con la cabeza «llena de frioleras, embelecos, y necedades.»[109] La insensatez de los padres de «hacer de ella sólo una persona agradable» fue descripta en *The Spectator* en la niña que, «puesta en las manos de un maestro de danza; y con un collar /de hierro/ alrededor de su cuello, a la linda traviesa se le enseña una fantástica gravedad en el comportamiento, y es forzada a un modo particular de sostener su cabeza, levantar su pecho, y mover todo su cuerpo.»[110] Una joven en *El Pensador* dirá algo semejante:

Apenas empezé à caminar sola, quando me pusieron un collar de hierro para mantenerme derecha la cabeza: y empezaron à prensarme con ballenas, à fin que me hiciesen buen talle. . . . El Maestro de Bayle me enseñaba à estar ridiculamente grave, à llevar la cabeza buelta hacia el hombro, à caminar como si mi cuerpo fuese hecho de una pieza, y à bolver atras los brazos para hacer aparecer riqueza en el seno."[111]

En el Pens. LXX se advierte acerca de las aciagas consecuencias de los bailes modernos para la mujer. «Las grandes familiaridades entre los dos sexos» y «las peligrosas consecuencias» fueron ya expuestas en *The Spectator*.[112] El Pensador también se dirige a los padres para que alejen a sus hijas de estos bailes, donde son expuestas «al manoseo, è indecencias de una caterva de hombres.»[113]

Resumiendo Clavijo y Fajardo con respecto a la educación de la mujer, insiste en que se aleje de la persecución de vanidades y frivolidades, de la inmoderada preocupación por la belleza del cuerpo, actitud común a los conservadores, humoristas y reformadores. Clavijo y Fajardo es conservador al no aceptar una educación que la aparte de las tareas domésticas. El desarrollo del espíritu y la dirección de su razón solamente posibles por una formación humanística-racional, están ausentes.

La situación de la mujer en el matrimonio se ajusta al criterio conservador y al de los escritores galantes. El Pensador es conservador al puntualizar más de una vez las obligaciones y deberes de la mujer en el matrimonio. La necesidad de que la mujer amamante a sus hijos, obligación pospuesta por el afán de seguir la moda, es repetida frecuentemente: «à pocas, ò ninguna niega la naturaleza las facultades necesarias para desempeñar esta obligacion, que el mayor numero de madres olvida, ò desprecia con pretextos ridiculos.»[114] En *The Tatler* aparece un concepto similar: «la imprudencia de las esposas de esta época, quienes por temor a sus figuras, dejan de amamantar a sus propios hijos.»[115]

Las consecuencias de alimentar los hijos con las amas de leche son inadvertidas por estas madres, «casi todos los desordenes proceden sucesivamente de esta primera depravación, en que se altera el orden moral y se extingue el natural.»[116] Y es otra vez Steele ahora en *The Spectator* quien dice: «Muchas instancias han sido expuestas por buenas autoridades y por la experiencia diaria, que los niños absorben de las amas de leche diferentes pasiones y depravadas inclinaciones, tales como ira, malicia, temor, melancolía, tristeza, deseo y aversión.»[117]

El Pensador también desgranará consejos a la recién casada, aunque aquí obviamente se considera la situación de superioridad y de dominio del hombre.[118] Para nada se menciona, como antes lo hicieron Addison y Steele, que la mujer no debe aceptar situaciones humillantes e injustas en la relación. Sí sigue a los ingleses en la apología del estado de matrimonio, aunque sin la frecuencia e insistencia de aquéllos.[119] En cuanto a cuál debe ser la mejor elección matrimonial de la mujer, El Pensador prefiere entre el pretendiente rico de mala conducta, al joven de «mediana fortuna pero apacible, discreto, y juicioso, lleno de prudencia, y de virtud.»[120] El consejo no difiere del dado por Steele en *The Spectator*: «El que tiene excelentes talentos, con una moderada posición y agradable personalidad, es preferible a aquél que es sólo rico.»[121]

Clavijo y Fajardo responde a la corriente galante, cuando usa la sátira y el humor para pintar las actitudes irreflexivas o extravagantes de la mujer en el matrimonio, los extremados gastos de bodas y más tarde los de casada. La obsesión de cambiar siempre de moda y de peinado aparece en los Pens. LIII y LV.[122] Esta es la causa de que sea considerada un «juguete de los hombres» y que reciba falsas proposiciones de ellos.[123]

Dentro de esta línea humorística Clavijo y Fajardo a través de la carta de Antonio Libre, caracteriza a la mujer dominadora y absorbente que tiraniza al marido. La carta como ya señaló Peterson, no es original de El Pensador sino una imitación de la de Antony Freeman redactada por Steele en *The Spectator*.[124]

Desde que empezó vm. à darnos sus Pensamientos, he deseado conocer su persona . . . para empeñarlo del modo posible à visitarme, y hacer conocimiento con mi muger, en cuyo caracter hallaria vm. sin duda algun material para darnos un Pensamiento cada semana.[125]

He deseado frecuentemente que Ud. visiste nuestra familia, y conozca a mi esposa: ella le ofrecería a Ud. por lo menos por algunos meses, material suficiente para un Spectator por semana.[126]

Al tratar el problema de la pasión de los celos, «dolor que experimentamos quando temamos el no ser tan queridos de la persona, que es el objeto de nuestros deseos,»[127] está dando la definición de Addison.[128]

Como creo ha quedado demostrado *El Pensador* sigue de cerca las huellas de los ensayistas ingleses. No sólo adopta la estructura del ensayo periodístico, sino los recuersos y temática. Incluso esa aparente «falta de plan» según la juzgó Peterson como característica común con *The Spectator*,[129] responde a una planificación previamente pensada. Steele, Addison y luego Clavijo y Fajardo al imitarlos, tienen presente primero al lector y cómo será más agradable para él leer algo previamente organizado.[130] La variedad de temas es premeditada, dar la impresión de una miscelánea que debe llegar a todo tipo de lector y satisfacer diferentes gustos. Preocupación compartida por todos los escritores costumbristas.

Un cómputo final de los ensayos de Steele y Addison que inspiraron a Clavijo y Fajardo es interesante. Sobre un total de 15 ensayos extraídos de *The Tatler*, 12 pertenecen a Steele y 3 a Addison. En un total de 27 ensayos de *The Spectator*, 9 son de Steele, 17 de Addison y uno de Budgell. En resumen es arriesgado decir que Clavijo y Fajardo sigue a Addison ya que entre los dos periódicos, 21 son los ensayos de Steele y 20 de Addison. Esto se debe a que El Pensador está dentro de la corriente conservadora y su formación se acerca más a la de Steele, que a la liberal filosófica de Addison.

La repercusión de *El Pensador* fue grande no sólo en España sino en Latinoamérica. En España *El Pensador Cristiano, La Pensadora Gaditana* (1763-64) de Beatriz Cienfuegos. En México, *El Pensador Mexicano* (1812-14) de Fernández de Lizardi quien luego usaría como seudónimo el título del periódico.

NOTAS

1. E. Correa Calderón, «Introducción al estudio del costumbrismo español», *Costumbristas Españoles* (Madrid: Aguilar, 1950), XI, LIX, LXIII.
    Francisco Caravaca, «Notas sobre las fuentes literarias del Costumbrismo de Larra», *Revista Hispánica Moderna* 29 (enero 1963), 1-22, «género literario, el costumbrismo, necesariamente limitado y fugaz, además de poco grato y de escaso valor creativo.» 6.
2. José Montesinos, *Costumbrismo y Novela. Ensayo sobre el redescubrimiento de la realidad española*, 2 da. edic. (Madrid: Castalia, 1965), 135-38.
3. E. Correa Calderón, «Introducción», XXIV.
4. Margarita Ucelay Da Cal, *Los españoles pintados por sí mismos (1843-1844)*, (México: Fondo de Cultura Económica, 1951), 21, 62.
5. W.S. Hendrix, «Notes on Collection of Types, a form of *Costumbrismo*», 210.
6. Gérard Genette, «Fronteras del relato», *Análisis estructural del relato*, ed. Roland Barthes y otros, 4 edic. (Bs. As.: Tiempo Contemporáneo, 1970), 193.
7. Gérard Genette, «Fronteras», 200.
8. Clifford Marvin Montgomery, *Early Costumbrista Writers in Spain 1750-1830* (Philadelphia: University of Pennsylvania, 1931), 10.
9. George Lewis Doty, *Juan de Zavaleta's El Día de Fiesta por la tarde* (Jena: Gesellschaft Für Romanische, 1938).

Juan de Zabaleta, *El día de fiesta por la mañana* (Madrid: M. de Quiñones, 1654), *El día de fiesta por la tarde* (Madrid: M. de Quiñones, 1660).
10. Margarita Ucelay Da Cal, *Los españoles*, 26.
11. Montgomery, *Early Costumbrista*, 16.
12. *The Spectator*, I, no 50, 213.
13. Montgomery, *Early Costumbrista*, 21.
14. Vid. p. 14 del presenta trabajo.
15. H. Peterson, «Notes on the influence of Addison's *Spectator* and Marivaux's *Spectateur Français* upon *El Pensador*», *Hispanic Review*, 4 (July 1936), 256-263.
16. *El Pensador Matritense. Discursos Críticos sobre todos los asumptos que comprehende la sociedad civil.* Con Real Privilegio que tiene Don Pedro Angel de Tarazona, 5 vols. in 8 menor (Barcelona: Francisco Genéars, 1762), «si fuere preciso les formaré su librería», III, Pens. XXVIII, 1.
17. Montgomery, *Early Costumbrista*, 28.
18. *El Pensador*, III, Pens. XXVIII, 1.
19. Vid. p. 13 del presente trabajo.
20. *El Pensador*, II, 1.
21. I, Pens. I, 6.
22. «as my Latin sentence in the title-page informs you, shall take any thing that offers for the subject of my discourse.» *The Tatler*, No 4, 7.
23. *The Spectator*, I, No 1, 4.
24. *El Pensador*, I, Pens. I, 15.
25. *The Spectator*, I, No 1, 5.
26. *El Pensador*, I, Pens. I, 5.
27. I, Pens. I, 9, 11-12.
28. I, Pens. I, 13.
29. «It is not much better to be let into the knowledge of ones-self, than to hear what passes in Muscoy or Poland.» *The Spectator*, I, No 10, 45; también en *The Tatler*, No 1, 1.
30. *El Pensador*, I, Pens. II, 26.
31. «The Toilet is their great Scene of Business, and the right adjusting of their Hair the principal Employment of their Lives.» *The Spectator*, I, No 10, 46.
32. I, Pens. I, 18.
33. I «am resolved to observe an exact Neutrality between the Whigs and Tories.» *The Spectator*, I, No 1, 5.
34. I, Pens. I, 20.
35. III, Pens. XXIX, 48.
36. *The Tatler*, No 14, 33, No 271, 470, también en No 71, 160.
37. *The Spectator*, I, No 16, 71.
38. I, Pens. I, 21.
39. II, Pens. XIX, 105.
40. *The Spectator*, I, No 10, 44.
41. II, Pens. XXV, 255.
42. Vid. p. 20 del presente trabajo.
43. Vid. p. 27 del presente trabajo.
44. H. Peterson, «Notes on the influence», 260.
45. *The Spectator*, I, No 105, 437.
46. *El Pensador*, I, Pens. XI, 265.
47. I, Pens. XI, 253.
48. *The Tatler*, No 244, 431-32.
49. I, Pens. VII, 150-51.
50. *The Tatler*, No 240, 426.
51. *The Spectator*, IV, No 444, 59.
52. V, Pens, LXIX, 370,
53. I, Pens. X, 240.

54. La descripción del dormir del petimetre recuerda la que aparece en *El diablo cojuelo* de Luis Vélez de Guevara (Madrid: Espasa Calpe, 1951), «Mira aquel preciado de lindo ... cómo duerme con bigotera, torcidas de papel en las guedejas y el copete, sebillo en las manos, y guantes descabezados.», 35.
55. II, Pens. XXI, 157.
56. V, Pens, LXIII, 218.
57. «I would, however, recommend to every one of my Readers, the keeping a Journal of their Lives for one Week, and setting down puncutally their whole series of Employments during that Space of Time.» *The Spectator*, III, No 317, 156.
58. H. Peterson, «Notes on the influence», 261.
59. II, Pens. XXI, 179.
60. «Last Night is certainly gone, and to Morrow may never arrive: This Instant make use of.» *The Spectator*, III, No 374, 406.
61. II, Pens. XIX, 105.
62. I, Pens. XXVIII, 1.
63. «I could not observe any Circumstance of Devotion in their Behaviour ... they were most of them bowing and curtisying to one another, and considerable Number of them fast asleep.» *The Spectator*, I, No 50, 213.
64. H. Peterson, «Notes on the influence», 260.
65. V, Pens. XLIV, 69.
66. «It is the Custom of the *Mahometans*, if they see any printed or written Paper upon the Ground, to take it up and lay it aside carefully, as not knowing but it may contain some Piece of their Alcoran. I must confess I have so much of the Mussulman in me ...» *The Spectator*, I, No 85, 360.
67. Paralelismo señalado por Peterson, «Notes on the influence», 259.
68. III, Pens. XXXVI, 195.
69. «I am of that sickly Tribe who are commonly known by the Name of Valetudinarians, and do confess to you, that I first contracted this ill Habit of Body, or rather of Mind, by the Study of Physick.» *The Spectator*, I, No 25, 105.
70. H. Peterson, «Notes on the influence», 258.
71. III, Pens. XXV, 169-70.
72. «Going Yesterday to Dine with an old Acquaintance, I had the Misfortune to find his whole Family very much dejected. Upon asking him the Occasion of it, he told me that his Wife had dreamt a very strange Dream the Night before, which they were afraid portended some Misfortune to themselves or to their Children.» *The Spectator*, I, No 7, 31.
73. III, Pens. XXV, 180.
74. «I was walking with my Friend Sir Roger by the side of one of his Woods, and old woman applied her self to me for my Charity. Her Dress and Figure put me in mind of the following Description in *Otway*.» *The Spectator*, I, No 117, 480.
75. Vid. p. 18 y 31 del presente trabajo.
76. I, Pens. XII, 303.
77. I, Pens. XII, 278.
78. «the great happiness or misfortune of mankind depends upon the manner of educating and treating . . .» *The Tatler*, No 141, 282.
79. V, Pens. LXVII, 298.
80. Vid. p. 20 y 28 del presente trabajo.
81. II, Pens. XIX, 127.
82. «Travel is really the last Step to be taken in the Institution of Youth; and that set out with it, is to begin where they should end.» *The Spectator*, III, No 364, 368.
83. V, Pens. LVIII, 61.
84. I, Pens. II, 38.
85. Vid. p. 22 y 30 del presente trabajo.
86. I, Pens. II, 23.
87. I, Pens. II, 24, II, Pens. XVIII, 94.

88. Vid. p. 29 del presente trabajo.
89. *The Spectator,* I, No 33, 140. *El Pensador,* I, Pens. II, 45.
90. III, Pens. XXXVI, 215.
91. *The Spectator,* I, No 33, 137.
92. III, XXXVI, 213.
93. I, Pens. X, 236.
94. *The Spectator,* III, No 354, 321.
95. *The Spectator,* II, No 247, 459.
96. V, Pens. LXIV, 235-36, semejanza señalada por H. Peterson, «Notes on the influence», 261.
97. I, Pens. II, 29-30.
98. II, Pens. XVIII, 87.
99. I, Pens. X, 233.
100. II, Pens. XXV, 271.
101. *The Tatler,* No 210, 385-86.
102. II, Pens. XX, 139.
103. *The Spectator,* I, No 33, 130. *El Pensador,* III, Pens. XXXVI, 215.
104. I, Pens. II, 40.
105. I, Pens. II, 42.
106. Vid. p. 23 y 31 del presente trabajo.
107. *El Pensador,* I, Pens. VIII, 183.
108. II, Pens, XVIII, 85.
109. I, Pens, VIII, 175.
110. «delivered to the Hands of her Dancing-Master; and with a collar round her Neck, the pretty wild thing is taught a fantastical Gravity of Behaviour, and forced to a particular Way of holding her Head, heaving her Breast, and moving her whole Body». *The Spectator,* I, No 66, 283.
111. I, Pens. VIII, 170-73, paralelismo señalado por Peterson, «Notes on the influence» 259.
112. *The Spectator,* I, No 67, 287.
113. V, Pens. LXX, 386.
114. I, Pens. VI, 133.
115. «the idleness of the wives of this age, who, for fear of their shapes, forbear suckling their own offspring.» *The Tatler,* No 15, 36.
116. I, Pens. XII, 292.
117. «Many Instances may be produced from good Authorities and daily Experience, that Children actually suck in the several Passions and depraved Inclinations of their Nurses, as Anger, Malice, Fear, Melancholy, Sadness, Desire, and Aversion» *The Spectator,* II, No 246, 455.
118. III, Pens. XXIX, 46.
119. III, Pens. XXXV, 186-87.
120. I, Pens. VI, 136.
121. «He that has excellent Talents, with a moderate Estate, and an agreeable Person, is preferable to him who is only rich.» *The Spectator,* IV, No 522, 357.
122. IV, Pens. LIII, 283, IV, Pens. LV. 329.
123. II, Pens. XVIII, 96.
124. H. Peterson, «Notes on the influence,» 257.
125. I, Pens. VIII, 186.
126. «I have very often wished you visited in our Family, and were acquainted with my Spouse: She would afford you for some Months at least Matter enough for one Spectator a Week.» *The Spectator,* II, No 212, 328.
127. III, Pens. XXXIX, 290, paralelismo señalado por Peterson, «Notes on the influence», 259.
128. *The Spectator,* IV, No 476, 185.
129. H. Peterson, «Notes on the influence», 256.
130. *The Spectator,* IV, No 476, 185.

CAPÍTULO III

COSTUMBRISMO ESPAÑOL DEL SIGLO XIX

1— PUBLICACIONES REPRESENTATIVAS

Después de *El Pensador,* se publicaron otros periódicos costumbristas con interrupciones debidas a la invasión napoleónica, luego a la guerra de Independencia y más tarde al comienzo del absolutismo de Fernando VII. La restricción de la libertad de prensa por el decreto de abril de 1815, deja sólo en circulación hasta 1820, *La Gaceta* oficial y *El Diario de Madrid.*

Sólo mencionaré brevemente las publicaciones más representativas y que de algún modo marcan desde *El Pensador,* una continuidad en el desarrollo del artículo costumbrista.[1]

Correo de los Ciegos de Madrid (1786-91), contiene cuatro ensayos costumbristas. En uno de ellos, No 37, aparece por primera vez la palabra «cuadro» para designar el artículo costumbrista.[2]

Diario de las Musas (1790-91), también con cuatro ensayos costumbristas. «Carta del manchego industrioso» de Juan Martos recuerda «El alquiler de un cuarto» de Mesonero Romanos.

El Correo literario y económico de Sevilla (1803-07), con tres ensayos. «El Apologista de la Tauromanía,» inspirado en una oración anónima «Pan y Toros» es para Montgomery la fuente de «Corrida de toros» de Larra.[3] Otro de los ensayos, «El cómico de la lengua» donde un zapatero pretende convertirse en actor, recuerda «Yo quiero ser cómico» de Larra.[4]

Minerva o El Revisor General (1817-18), segunda época, esta revista según Le Gentil imitación de la francesa *Minerve littéraire.*[5] Fundada en 1805 por Pedro María de Olive, se interrumpe en 1808 por la invasión francesa y reaparece en 1817. Aquí Eugenio de Tapia (1776-1860), publica en junio de 1818 su primer cuadro costumbrista, «La posada».[6]

El Pobrecito Holgazán (1820), contiene una serie de diez cartas, «Lamentos políticos de un pobrecito holgazán» de Sebastián Miñano y Bedoya (1779-1845), que más que nada marcan la iniciación de un nuevo período de libertad de prensa, de allí el tono de política liberal que exhibe. Para Montgomery, el periódico es costumbrista «en el contenido general» aunque no contiene «ningún ensayo bien delineado.»[7] Ucelay Da Cal lo considera un «punto de contacto» con *El Pobrecito Hablador* (1832) de Larra, por la similitud en los títulos y «la preocupación política de tono liberal que impregna siempre los artículos de Fígaro.»[8]

Mis ratos perdidos (1822), obra de juventud de El Curioso Parlante de la cual parece se avergonzaba. Comprende un total de doce pequeños artículos, cada uno destinado a un mes del año y representan el germen de su posterior producción. Los artículos están todos dedicados a describir las costumbres españolas: «Una tertulia», «Un bayle», «Puerta del Sol».

Correo Literario y Mercantil (1828-33), lo publican Manuel Bretón de los Herreros, José María Carnerero, Juan López Peñavel y Mariano de Rementería y Fica, es el periódico más importante de los años 25 a 30. Las declaraciones de Rementería y Fica, encargado de la sección «Misceláneas Críticas, costumbres de Madrid» son reveladoras: se propone cumplir una tarea similar a la realizada en Francia por Mercier y Jouy. Para Montgomery «ésta es la primera referencia hecha por un periodista español, acerca de la influencia directa de los escritores franceses en la literatura costumbrista de España.»[9]

A partir de este periódico se acrecienta el número de publicaciones, consecuencia del fin del absolutismo de Fernando VII. Estarán a cargo de Carnerero, la fundación de dos revistas representativas para el genero costumbrista por los colaboradores que tuvo, y porque se delimita el tono general que caracterizará al costumbrismo a partir de esta época. *Cartas Españolas* (1831-32), primera revista literaria moderna, para ella escribieron Larra, Mesonero Romanos y Serafín Estébanez Calderón. Los artículos de este último se reunirán más tarde en un volumen, constituyendo sus famosas *Escenas Andaluzas* (1847). La segunda publicación creada por Carnerero fue *La Revista Española* (1832). Surge cuando desaparece *Cartas Españolas* y continúa la tónica de ésta con las colaboraciones de Larra, Estébanez Calderón y Mesonero.

En 1830 se considera que el género costumbrista adquiere su forma y desarrollo definitivo con El Solitario, El Curioso Parlante y El Pobrecito Hablador. Aunque de pesonalidades disímiles, cada uno aporta notas definitorias. El Solitario el regionalismo, El Curioso

Parlante el popularismo urbano descriptivo, y Larra la vena satírica moralizante.

El artículo costumbrista en España queda delineado como una composición breve, autónoma, ligada a la prensa periódica. Alejado de lo ficcional, tiene una misión documentaria testimonial y dos modalidades. La primera, descripción filosófica-satírica moralizante con propósito de reforma social a la manera de Addison y Steele, la segunda, descripción humorística moral o pintoresquista-realista. En esta modalidad se encuadran Mesonero y Estébanez Calderón, en la primera Larra. Este artículo de costumbres puede cultivarse con dos variantes: la pintura de escenas o de situaciones colectivas, y de tipos sociales representativos de una profesión, ideología o clase.

2— LARRA

En Larra se da la confluencia de dos corrientes, la inglesa y la francesa. Esta última influida previamente por la inglesa a través de los periódicos *The Tatler* y *The Spectator*.

Los paladines del costumbrismo francés son Mercier y Jouy, tan repetidamente imitados y admitidos como maestros por los costumbristas españoles del siglo XIX.[10]

Sébastian Mercier (1704-1814), literariamente superior a Jouy aunque su influencia en España fue menor. Publicó anónimamente *Tableau de Paris* dos volúmenes, debido al éxito obtenido continuó la publicación que llegó a alcanzar doce volúmenes. Dentro del Neoclasicismo, Mercier se inclina hacia el valor social y ético de las costumbres. Se ha dicho que Mesonero Romanos le debe el plan y división de sus obras *Panorama Matritense* y *Escenas Matritenses*.

Victor Joseph Etienne (1764-1846), conocido bajo el seudónimo Jouy, su lugar de origen. Empezó a publicar en la *Gazette de France* sus artículos costumbristas, que reunirá más adelante en *L'Hermite de la Chaussée d'Antin* (1812-14). Este título fue originariamente el seudónimo que él usó en sus publicaciones periodísticas. La obra se hizo tan popular que el autor hizo otras colecciones, no ya describiendo al francés de la cuidad sino al de provincia. A pesar de la popularidad alcanzada en España, Jouy ocupa dentro de las letras francesas un segundo lugar, y en algunos casos hasta es omitido en los tratados o manuales más importantes.[11]

Sin embargo tanto Jouy como Mercier son en Francia continuadores de *The Tatler* y *The Spectator*, como ellos declaran. La influencia inglesa en Mercier se realiza a través de una derivación de *The*

Tatler, Le Babillard (París 1778-79), de Chevalier de Rutlidge o Rutledge.

Jouy en su primer artículo de *L'Hermite*, confiesa que tratará de hacer en Francia lo que Addison y Steele realizaron en Londres.[12] En la introducción de sus *Obras Completas*, expone que aunque la literatura francesa ofrecía abundantes ejemplos de observadores del hombre y de la sociedad, no encontró ninguno parecido a los autores ingleses.

Ce genre d'essais n'avait point de modéle en France. Mercier (auquel je rends d'ailleurs toute justice) ne pouvait en servir. Fertile en observateurs de l'homme et de la société, la littérature française qui opposait avec un si juste orgueil Montaigne, Molière, Labruyére, Duclos, Voltaire, Montesquieu, Vauvenargues, aux philosophes moralistes de tous les temps et de tous les pays, n'avait trouvé personne qui voulût ou qui daignât, à l'exemple d'Addison et de Steele, consacre sa plume à peindre sur place et d'aprés nature, avec les nuances qui leur coviennent, cette foule de détails et d'accessories, dont se compose le tableau mobile de moeurs locales. La tâche était difficile, mais le succès n'était point sans gloire, et cet espoir a suffi pour me déterminer à tenter l'enterprise.»[13]

Es por esto que cuando se traduce al inglés su obra *L'Hermite*, el título será *The Paris Spectator*.[14]

El costumbrismo inglés influye en la España del siglo XIX directamente a través de Addison y Steele e indirectamente, vía Francia, por sus continuadores. El influjo francés ha sido detalladamente estudiado más de una vez, quizás el primero que lo señaló fue Le Gentil que entusiastamente afirma: «De 1830 à 1850, on peut dire que les Espagnoles n'ont vu leur pays qu'á travers des reminiscences françaises.»[15] Para Le Gentil la influencia francesa se inicia con *La Minerva* o *El Revisor General* (1817), afirmación ratificada por Ucelay Da Cal.[16] En 1828 Mariano de Rementería y Fica, como ya se vio, anuncia abiertamente seguir los pasos de Mercier y Jouy.[17]

La obra periodística de Larra se inicia a los diecinueve años con *El Duende Satírico del Día* (1828), con un total de cinco números o cuadernos. Cada cuaderno, excepto el primero, lleva fecha y dos o más epígrafes que adelantan el contenido del artículo y revelan la formación y estudios de Larra.

El primer cuaderno incluye dos artículos «El Duende y el librero» y «El café», éste considerado la mejor composición de la serie y el

modelo perfecto del artículo costumbrista: «representa, especialmente en la última parte, el punto más culminante en el desarollo de ese género, anterior a los artículos de Estébanez Calderón y Mesonero Romanos en *Cartas Españolas*.»[18]
Larra usa el conocido recurso de las cartas al editor en el segundo cuaderno, «Correspondencia de El Duende,» donde un lector lo anima a continuar la crítica iniciada en «El café». Excepto por «Corridas de toros» del tercer cuaderno, los demás son artículos polémicos de defensa de ataques de otros periódicos, o de crítica literaria. Importa este periódico porque ya se ve en embrión al mejor Larra costumbrista: su patriotismo, su amor al progreso y educación, su sátira incisiva que esgrime siempre para la reforma social.

El segundo periódico de Larra fue *El Pobrecito Hablador Revista satírica de costumbres* . . . por el Bachiller D. Juan Pérez de Munguía, apareció en Madrid el 5 de agosto de 1832. Los artículos publicados aquí, en *La Revista Española, El Observador, La Revista Mensajero* y *El Español* (1832-34), fueron coleccionados por él en 1835, en cinco volúmenes. Es la primera edición de la mayor parte de su producción periodística.

La influencia francesa en Larra fue señalada primero por Le Gentil, quien indicó los paralelismos con Jouy en siete artículos.[19] El estudio más completo lo hace más tarde Hendrix. Coteja un total de diecisiete artículos de Larra y Jouy, que contienen gran similitud no sólo en el título sino en el tema. Hendrix concluye diciendo:

> No se debería pensar de estas notas que Larra es un imitador servil de Jouy. Sus artículos virtualmente sin excepción son un perfeccionamiento de los del francés, y cuando él traduce (que es raro) el contexto es tan enteramente español que la traducción es casi original paradójicamente como esto parece.»[20]

A partir de este trabajo algunos críticos han repetido más o menos los mismos paralelismos señalados por Hendrix.[21] Otros, se resisten a admitir a Larra como imitador de un escritor «de tercer o cuarto orden.»[22] Quizás el problema resida en que Larra toma de Jouy lo que éste heredó de Addison y Steele. Su temperamento mucho más creador que el de Jouy, logró inspirar nueva vida y agilidad a temas y situaciones comunes.

La influencia de *The Spectator* y *The Tatler* en Larra ha sido poco estudiada, solamente puedo mencionar dos autores que la tratan. Caravaca señaló la semejanza entre «El café» y los Nos. 403 de *The Spectator* y 155 de *The Tatler*, ambos redactados por Addison.

Luego considera *El Pobrecito Hablador* «una adaptación española de *The Tatler*,» aunque lamentablemente no lo prueba.²³ El segundo autor Lorenzo Rivero, menciona los mismos ejemplos que Caravaca y además compara los Nos. 25 y 178 de *The Tatler*, con «El café» y «El duelo» de Larra.²⁴

Es mi intención ampliar las apuntaciones hechas sobre los autores ingleses y Larra y señalar otros paralelismos. Mas por sobre la similitud de temas, Larra hereda de Addison y Steele—y debo decir conscientemente—la convicción de estar cultivando un «género . . . enteramente moderno . . . desconocido a la antiguedad.»²⁵

A través de «Panorama Matritense» y «Un periódico nuevo», Larra especifica que ya hubo en la antiguedad escritores excelentes de costumbres que consideraban «al hombre en general,» pero sólo más tarde «despuntaron escritores filosóficos» que lo verán en juego con las nuevas formas de la sociedad: «El primero que en Inglaterra dio el ejemplo con admirable profundidad y perspicacia fue Addison en *El espectador*, y si ninguno logró superarle, no dejó con todo de tener felices imitadores.» Luego Francia siguió «las huellas de la Inglaterra» en la pintura de la sociedad. La prensa periódica fue el medio de que se valió este nuevo género para expresarse, «cuyo mérito principal debía de consistir en la gracia del estilo.»²⁶ La literatura entonces, se encierra «modestamente en las columnas de los periódicos» que se constituyen en el gran «archivo de los conocimientos humanos» de la época.²⁷

Desde este punto de vista Larra aventaja a Clavijo y Fajardo y Mesonero, ya que claramente percibe y da la preceptiva de las condiciones necesarias para ser un escritor de artículos de costumbres. Advierte lo difícil de poder «hermanar la más profunda y filosófica observación con la ligera y aparente superficialidad de estilo, la exactitud con la gracia.» Poseer «un instinto de observación» aunado a una «suma delicadeza para poder ser «picante, sin tocar en demasiado caústico.»²⁸ Es aquí donde se establece el primer paralelismo con el No 124 de *The Spectator*. Addison expone las dificultades a salvar en la redacción de un ensayo: debe ser escrito «en un modo vívido» para evitar que sea «desvaído e insípido,» el asunto debe ser «enteramente nuevo» y «completamente ligado,» el humor «debe ser trabajado en todas sus partes» y «dar la virtud de toda una poción en pocas gotas.»²⁹

La misión de Larra de censor o «counsel of manners» y su caracterización, responde a la que Bickerstaff y Mr. Spectator tenían. Por ser puntos ya cotejados con Clavijo y Fajardo omitiré las citas en inglés para evitar repeticiones, y sólo aparecerán en aspectos nuevos no mencionados antes.

Los vicios y ridiculeces del ser humano también son criticados por Larra:

> ¿no ve usted los abusos, las ridiculeces; en una palabra, lo mucho que hay que criticar?.[30] Los vicios, pues, las ridiculeces, las preocupaciones locales ... son de la jurisdicción del satírico y reclaman imperiosamente su férula benéfica.»[31]

Su «material,»[32] es «fruto» de las «observaciones» de la vida[33] y una y otra vez al recapacitar sobre ellas, se ríe «como un loco de los locos» que ha escuchado.[34] Siguiendo el modelo inglés aclara que su crítica es «general» y por lo tanto no «retrata»:

> dar satisfacción particularmente a cada individuo de los que componen el público de lo que sólo ha dicho a éste en general.[35]
> figurándome que no he ofendido a nadie y que a nadie retrato en ella.[36]

Con todo a pesar de que «huyó de ofender a nadie ... se reconocen en el cuadro de costumbres» y «es tanta la penetración de estos batuecos, que adivinan el original del retrato que usted no ha hecho.»[37]

La dificultad de escribir para todo público y al mismo tiempo de entretener y ser aceptado, es otra constante que Larra imita de los ensayistas ingleses: «¿Cómo contentar a los necios y a los discretos, a los cuerdos y a los locos, a los ignorantes y los entendidos que han de leerme, y sobre todo a los dichosos y a los desgraciados, que con tan distintos ojos suelen ver una misma cosa?.»[38]

Como Bickerstaff es «hablador,»[39] de edad avanzada,[40] «curioso,» y su deseo de «saberlo todo» y de escuchar lo lleva a «rincones excusados» y a cafés.[41] Esta situación de observador y escudriñador de la realidad, le permite ser un «fiel cronista de los usos y costumbres.»[42]

En su propósito de «decir la verdad»—y advirtiendo los riesgos de ello—no quiere ser conocido y usa a lo largo de su labor diversos seudónimos: «El Duende Satírico,» «El Pobrecito Hablador,» «El bachiller Juan Pérez de Munguía,» «Fígaro.» Pero parece que en la sociedad en que vive, el decir la verdad no se acepta y El Pobrecito Hablador muere y deja un testamento. La disposición en «items» y su tono sarcástico acerca de la distribución de sus bienes, semeja el testamento hecho por Bickerstaff. Aquél pide disculpas por lo dicho y hecho, sátira a su labor de censor que en Bickerstaff no aparece."

A) *Caracteres y comportamientos censurados*

Se ha dicho que «Larra, a diferencia de La Bruyère, de Swift o de Addison, no pinta caracteres, sino solamente costumbres, taras, defectos, extravagancias.»" El título del artículo «Varios Caracteres» parecería refutar tal afirmación, pero yendo más al análisis advertimos que existe una preocupación por describir caracteres, él mismo lo dice:

> el escritor sobre todo de costumbres, que funda sus artículos en la observación de los diversos caracteres que andan por la sociedad revueltos y desparramados. ¿Dibujó un carácter, y tomó para ello toques de éste y de aquél, formando su bello ideal de las calidades de todos?. ¡Qué picarrillo, gritan . . ."

En realidad son varios los caracteres que desfilan, el militar, el literato pedante, abogados, médicos, el político, el fumador de rapé, el lechuguino, el calavera, el charlatán, el falso escritor.

Precisamente en «El café» segundo artículo de su primer periódico, se presentan varios tipos humanos. Aquí Larra nos introduce en dos clásicas conversaciones de café, una política y la otra literaria. El artificio le permite describir el tipo de gente asidua a los cafés, que pierde su tiempo inútilmente. Brevemente describe con rasgos reveladores a los abogados, médicos, fumadores y lechuguinos. Luego de este preámbulo sucede la primera conversación entre gente ignorante y pedante, que pretende conocer y entender todo acerca del mundo de la política. Resaltan dos caracteres, el militar pedante, y el noticioso, ambos ya en *The Spectator* y *The Tatler:*

> un joven ex-militar de los de estos días, que cree que tiene grandes conocimientos en la Estrategia y que puede dar voto en materia de guerra por haber tenido varios desafíos a primera sangre y haberle favorecido en no sé qué encrucijada con un profundo arañazo en una mano, no sé si Marte o Venus."

> el militar pedante, quien siempre está hablando en el campo de batalla, invadiendo pueblos, haciendo atrincheramientos, y luchando en batallas desde el principio del año

hasta el final. Todo lo que él habla huele a pólvora, si Ud. saca su artillería de él, no tiene una palabra que decir por sí mismo.[47]

El segundo tipo el noticioso o gacetillero, recuerda a «The Political Upholsterer,» tantas veces descripto en *The Tatler:*[48]

creyéndome de su partido se arrimó con un tono tan misterioso como si fuera a descubrirme alguna conjuración contra el Estado, y me dijo al oído, con un aire de importancia que me acabó de convencer de que también estaba tocado de la politicomanía. . . .[49]

Lo que le dice al oído es un disparate, expresado en el mismo tono aseverativo irrefutable de los tantos que la mente afiebrada del «Political Upholsterer» vertió en los oídos de Bickerstaff. Esta caracterización del noticioso revelador de grandes secretos de Estado se repite más adelante.

Gran noticioso. Ese sabe siempre a punto fijo, de muy buena tinta, los pormenores de la última batalla . . . Estos hombres hablan siempre al oído; contraen la costumbre de suponerse espiados por las grandes cosas que creen decir.[50]

En la segunda conversación desarrollada en «El café,» actúa el pedante intelectual.[51] Se sumerge en diatribas en contra de las producciones literarias del momento, criticando títulos, estilos y el modo ridículo de anunciarlas. Su petulancia se derrama en una verborragia confusa con citas de Virgilio, Horacio y Boileau. La afectación de sus juicios retrotrae a la caracterización del «book pedant» de Addison: «la cabeza está confusamente llena, de tal manera que el hombre que conversa con él frecuentemente recibe alusiones de cosas dignas de conocer, pero que él las torna a su provecho.»[52]

Otro tipo de pedante, el charlatán del pueblo, aparece representado por don Fernando y Lucas Mentirola.

El nombre de éste último ya anuncia su principal defecto, «viene siempre de donde sucede algo» y relata hechos y situaciones falsas con lujo de detalles.[53] Don Fernando es quien «está al corriente de todas las intrigas de bastidores, no hay una bailarina a quien no conozca; no hay modista cuyos recursos, cuyas *necesidades* no sepa; es un repertorio ambulante de la crónica escandalosa de la capital.»[54]

Lucas Mentirola y don Fernando equivalen al «Man of the Town» de Addison: «El le dirá a Ud. los nombres de las principales favoritas, repetirá las palabras sagaces del hombre importante, murmurará una intriga todavía no desparramada por la fama.»⁵⁵ Una de las causas del atraso de España y de su estancamiento, es para Larra la pereza y ociosidad de los ciudadanos. El sarcasmo se derrama sin piedad en «Vuelva Usted Mañana,» donde la negligencia es reflejada a todo nivel, el cuadro se cierra con un breve recuento de su también perezosa vida.⁵⁶ El tema continúa en otros artículos,⁵⁷ pero es en «La Vida de Madrid» donde un «tipo general», «rico sin ser enteramente tonto» lo ejemplifica con el relato de su vida. Es inevitable pensar en el diario de un inglés que Addison transcribe en *The Spectator*.⁵⁸ La pérdida del tiempo en acciones vacuas se vio en Clavijo y Fajardo, sin embargo la caracterización de este joven «de muy regular fortuna» se ajusta más al ciudadano de Addison que al empleado de El Pensador. Aquí también luego de levantarse y de tomar té o chocolate, lee superficialmente los periódicos y sale a dar una vuelta. Conversa con otros amigos «que hacen otro tanto,» regresa, se viste y —de acuerdo al día— irá a hacer visitas o andará a caballos. A la noche al teatro, al café o a las tertulias.⁵⁹

La ambición de ser escritor y de adquirir nombre, aunque no se esté preparado para ello, se satiriza en dos artículos: «Don Cándido Buenafé o El camino de la gloria» y «Don Timoteo o El literato». En el primero, Don Cándido sin poder conllevar sus propias frustraciones de escritor, pretende que su hijo lo sea: «Yo le crío para literato: ya que yo no puedo serlo, que lo sea él y saque de la oscuridad a su familia.»⁶⁰ En el segundo artículo Don Timoteo encumbrado por el público como renombrado escritor, resulta ser un autorcillo de odas, silvas, anacreónticas y traducciones que hace pasar por originales: «Charlatán por naturaleza, se rodea del aparato ostentoso de las apariencias.» Esta situación es uno de los males del país: «El estado de la literatura entre nosotros y el heroísmo que en cierto modo se necesita para dedicarse a las improductivas letras, es la causa que hace a muchos de nuestros literatos más insoportables que los de cualquier otro país.»⁶¹

La queja de Larra ya fue emitida por Addison cuando expone que en Gran Bretaña se está sufriendo una epidemia, la de los «Cacoethes», enfermedad que es llamada «the Itch of Writing». Esta epidemia sólo tiene una solución y es la de «prohibir el uso de lapicera, tinta y papel.» Más adelante agrega: «Es una tristeza advertir que el arte de imprimir, que debería ser la mayor bendición para la humanidad, resulte perjudicial para nosotros.»⁶²

Entre las faltas que se necesitan corregir, Steele señaló la de «crecer muy íntimamente, y caer en desagradables familiaridades . . . La familiaridad en inferiores es insolencia; en superiores es condescendencia.»⁶³ Larra en «¿Entre qué gente estamos?», critica las excesivas familiaridades que en el trato con la gente tienen las clases inferiores. Espantado exclama: «¿Qué orgullo es el que impide a las clases ínfimas de nuestra sociedad acabar de reconocer el puesto que en el trato han de ocupar?.»⁶⁴

La amistad y su existencia en la vida diaria es en Larra objeto de reflexiones propias y de otros autores. En «Los Amigos,» artículo en gran parte tomado de Jouy como él declara, aparecen parafraseados conceptos de otros filósofos entre ellos Addison. Hay un autor de los citados no identificado que aconseja: «Si queréis evitar el arrepentiros el día de mañana de haber tenido amigos, tratadlos siempre como si algún día hubiesen de llegar a ser vuestros enemigos.»⁶⁵ Este precepto es parte del expuesto por Cicerón en *The Spectator*: «el hombre debe vivir . . . con su amigo de tal modo que éste no pueda herirlo si se convierte en su enemigo.»⁶⁶ En la primera parte no citada por Larra, Cicerón expresa que el comportamiento con el enemigo debe dejar la posibilidad que él sea un amigo en el futuro.

La ausencia de la amistad en la vida se debe frecuentemente a que en el amigo se exigen buenas cualidades, aunque no se cultiven en uno mismo. Esta conclusión de *The Spectator* parece ser común a Larra:

> hay tanto menor derecho a exigir amistad heroica de los demás cuanto que si cada cual mete la mano en su pecho, no se encontrará héroe a sí mismo.⁶⁷

> Cada hombre está listo para dar un largo catálogo de aquellas virtudes y buenas cualidades que él espera encontrar en el amigo, pero muy pocos tenemos la precaución de cultivarlas en nosotros mismos.⁶⁸

La práctica del duelo en pleno «siglo de las luces y de la más extremada civilización,» como medio de «satisfacer una cuenta personal»⁶⁹ es severamente analizada. Los juicios vertidos recuerdan la serie sobre duelo de *The Tatler* y *The Spectator* aunque no se puede decir que el artículo de Larra se ajusta a alguno de los ensayos ingleses.⁷⁰ Quizás habría un acercamiento en el No 84 de *The Spectator*, cuando se critica al juez que condena a los duelistas pero aprueba sus comportamientos: «y el mismo juez que con la ley en la mano sentencia a pena capital al desafiado indistintamente o al agresor, deja acaso la pluma para tener la espada en desagravio de una ofensa personal.»⁷¹ Addison dice: «y el juez condena al duelista mientras él aprueba su comportamiento.»⁷²

Los vicios y ridiculeces señalados sólo pueden ser extirpados por la educación. Larra se lamenta reiteradamente de que la gente no lee, ni siquiera los periódicos: «Desengáñese usted: en este país no se lee... . Todos nos quejamos de que no se lee, y ninguno leemos.» Completamente ubicado dentro del Neoclasicismo, le duele que «las ventajas de la ilustración» sean tan tardías en España.[73] Comparte con los ensayistas ingleses la necesidad de educar a la juventud, aunque no lo analiza con la morosidad de aquéllos. En medio de todo su escepticismo, a pesar de que todos los tipos humanos pintados reproducen una juventud apática, ociosa, iletrada, él funda sus esperanzas en ella.

¿Nos equivocamos, se equivocará el país al fundar esperanzas en ella?. No, la juventud ha comprendido que no es en los cafés donde se forman los hombres que pueden renovar el país: es en el estudio, es con los libros abiertos, sobre el bufete, con la vista clavada en el gran libro del mundo y de la experiencia, es con la pluma en la mano.[74]

B) *Concepto y situación de la mujer*

La mujer ocupa en la obra de Larra un plano secundario. De los tres criterios mencionados—conservador, galante y reformador—Larra pertenece al segundo. Como los escritores galantes, la mujer para Larra es el objeto de mofa y es retratada con todas sus vanidades y debilidades. La sátira y el sarcasmo muestran un «bello sexo» afeado, donde resaltan la hipocresía y la coquetería.

¿Hay cosa más insoportable que la conversación y los dengues de la hermosa que lo es a sabiendas?»... su amabilidad es la afectada mansedumbre del león, que hace sentir de vez en cuando el peso de sus garras.[75]

La falsedad de su comportamiento aparece en más de una ocasión. A veces «la sencilla virgen, que se asusta si ve la sangre» manar de su delicado dedo, es la que goza ante el sangriento espectáculo del toreo.[76] Otras veces, la virtuosa que pretende no serlo o la adúltera que simula ser virtuosa, «la primera tiene las apariencias, y ésta es la realidad.»[77]

Mal «común en las señoras» es «el histérico,»[78] y tener una «instrucción novelesca,» y aunque no saben «gobernar una casa» tocan «su poco de piano» y cantan «su poco de aria.»[79] Este romántico e inauténtico sentido de la vida, recuerda la caracterización de la mujer que cree que va habitar los «campos felices de la Arcadia» dada por Steele.[80] La devastadora influencia francesa y sus terribles consecuencias aparecen en la hermana de «Casarse Pronto y Mal». Se pinta el choque entre la tradicional educación española y la francesa. La hermana se aficiona a las costumbres traspirenaicas, y pronto advierte que aunque el antiguo modo de vivir «era sencillo y arreglado, no era sin embargo el más divertido.» Los resultados de este desajuste «de tan malos cimientos,» se marcan en el hijo «superficial, vano, presumido, orgulloso, terco,» que se casa atropelladamente sin tener con qué sostener un hogar.[81] El final trágico era previsible.

Está aquí latente una preocupación tantas veces tratada en *The Tatler* y *The Spectator*, la de responsabilizar a los padres de la educación y formación de sus hijos.[82] Precisamente la carta que deja el hijo a la madre antes de matarse, es una declaración de los deberes de los padres. A ella le pide que cuide de sus hijos empezando «por instruirlos... Que aprendan a respetar lo que es peligroso despreciar sin tener antes más sabiduría.» Que tengan «una religión consoladora» y sepan «domar sus pasiones» y obedecer a los padres.[83]

El rótulo tantas veces repetido de Larra «afrancesado,» parecería aquí rasgarse. En lo analizado subyace una crítica a la influencia francesa y un apego al «antiguo modo de vivir.» Esto se manifiesta rotundamente en, «En este País», donde se pronuncia contra la «infernal comezón de vilipendiar este país que adelanta y progresa de algunos años a esta parte más rápidamente que adelantaron esos países modelos,» alude aquí a Francia.[84]

En cuanto a la mujer no hay más referencias. Las puntualizadas no aparecen como tema principal en sus artículos, sino dentro de otro contexto. Para Larra—a pesar de sus concepciones liberales y a diferencia de los otros escritores—la mujer no es un factor determinante de la educación y formación de la sociedad. Quizás demasiado oprimido por experiencias personales, no pudo o no quiso explayarse sobre el rol de ella en la vida.

Después de este análisis, se advierte que Larra está lejos de la fiel imitación y traducción realizada por Clavijo y Fajardo de *The Spectator* y *The Tatler*. Larra mucho más creador toma de aquéllos «ideas» pero el desarrollo y exposición son netamente personales. Otra diferencia con Clavijo y Fajardo es que nunca pretendió ser original y más de una vez advierte al lector que está robando o plagiando.[85]

La deuda al periodismo inglés él mismo la reconoce a Addison como el maestro que tuvo «fe ecifica cuando imitadores.»[86] Además Larra tuvo conciencia de que la estratificac de la sociedad

73

en cualquier país, origina la presencia de iguales caracteres urbanos. De allí que tanto en Londres, París o Madrid, se critique a la coqueta, al dandy, al usurero, al político, al charlatán, tipos humanos consecuencias de similares fenómenos sociales. A esto se debe en parte, la necesidad de un censor o «counsel of manners» en cualquier sociedad, y la estrecha conexión de todo el costumbrismo, ya sea francés o español, con lo escritores ingleses Addison y Steele:

> Hay más puntos de contacto entre una reunión de *buen tono* de Madrid y otra de Londres o de París, que entre un habitante de un cuarto principal de la calle del Príncipe y otro de un cuarto bajo de Avapiés, sin embargo de ser estos dos españoles y madrilenos.
> ... El escritor de costumbres *no escribe exclusivamente para esta o aquella clase de la sociedad*... Ni los colores que han de dar vida al cuadro de las costumbres de un pueblo o de una época pudieran por otra parte *tomarse en un cálculo determinado y* reducido; la mezcla atinada de todas las gradaciones diversas es la que puede únicamente formar el todo, *y es forzoso ir a buscar en distintos puntos las tintas fuertes y* las medias tintas, el claro y oscuro, sin los cuales no habría cuadro.[87]

3— MESONERO ROMANOS

Representa para la crítica el maestro que delimitó el camino a los siguientes costumbristas. Su producción vasta se volcó en los principales periódicos de la época: *Cartas Españolas, Revista Española, Diario de Madrid, El liceo artístico y literario español* ... El mismo funda el *Semanario Pintoresco Español* (1836-57), que llegó a ser el periódico literario más importante y de mayor duración. La idea y el formato de la primera serie (1836-38), dirigida por él, le fueron sugeridos por el *Penny Magazine* y el *Magasin Pittoresque*. Significa para España la primera revista ilustrada. Los artículos costumbristas aparecen acompañados de dibujos, con predominio del trazado de tipos sobre las escenas ya que resultaban más fáciles al grabador.

A partir de *Semanario Pintoresco*, se empieza a extender el costumbrismo de Mesonero en el núcleo principal de sus seguidores. Su producción periodística él la reúne en libros: *Panorama Matritense* (1832-35) publicado en 1836, *Escenas Matritenses* (1836-42) en 1842 y *Tipos y Caracteres* (1843-62) en 1862.

En Mesonero se advierte la disminución del propósito moralizante del Neoclasicismo y una preferencia por el pintoresquismo puro y exclusivo. El humor y la intención satírica van desapareciendo para atenerse en su última época, a una reproducción realista pero anodina de Madrid.

Algunos de sus artículos no merecen la denominación de tal por su extensión y su tono moroso divagatorio, tan alejado de la vívida y ágil forma del artículo. Así se pueden citar «De Tejas Arriba,» «El Recién Venido,» «La Posada o España en Madrid,» que están dividios en cuatro partes. El primero, con un «Desenlace»[1] lo que da idea de un cursus narrativus que lo separa del verdadero artículo costumbrista.

Esta situación ambigua de sus «artículos», fue quizás la causa de que algunos críticos pretendieran juzgar al género por su mayor o menor acercamiento con el cuento y la novela, y se tachara a los costumbrista de falta de creatividad. Hay que admitir que estos «artículos» desde este punto de vista carecen de originalidad, y a veces confunde encontrar conatos de desarrollo argumental en un género tan alejado de lo ficcional. Evidentemente esto está marcando la muerte del género costumbrista y el paso al realismo.

Lamentablemente la influencia de Mesonero fue profunda y su larga vida le permitió agotar hasta la saciedad el género. Esta permanencia e insistencia en describir Madrid física y moralmente, a lo largo de más de treinta años era demasiado para un escritor de sus condiciones. El mismo en «Adiós al lector» llega a reconocer aunque no abiertamente, «que el artista ha ido sintiendo enervadas con la edad sus fuerzas y su imaginación» y que esa sociedad que él acostumbrada pintar ahora «se le escapa de la vista.»[2] Pero parece que lo que «se le escapa de la vista» son los modelos extranjeros, especialmente Jouy a quien sigue a lo largo de toda su obra hasta terminar con él.

La influencia de Jouy en Mesonero fue señalada primero por Larra que lo llamó «imitador felicísimo de Jouy». Sus cuadros—agrega—tienen «cierta tinta pálida» que los priva de «una animación también necesaria.»[3] Más tarde Le Gentil puntualiza algunos préstamos, llega a citar trece artículos tomados de Jouy donde se reconocen:

le ton et l'accent du modèle: même affectation de bonhomie détachée, d'ironie inoffensive. Et presque toujours la philosophie surannée de l'Hermite s'adapte sans effort à l'actualité madrilène. Ce sont nos modes qui pénètrent, nos ridicules qui s'implantent, après un quarantaine à la frontière.[4]

A partir de Le Gentil la crítica admite la deuda de Mesonero a Jouy, pero quien más profundamente la estudia fue Berkowitz en la tesis doctoral acerca de Mesonero y el artículo «Mesonero Indebtedness to Jouy.»[5] Los resultados de su análisis son apabullantes, sobre un total de 109 artículos de Mesonero 64 están relacionados a Jouy.

La imitación de Jouy por Mesonero va más allá de una vaga semejanza causada por la admiración del imitador por su modelo; casi raya en una reproducción consciente del modelo cuidadosamente estudiado. Esto explica la asombrosa similitud en el género que ellos están cultivando, sus metas y propósitos como satíricos, sus puntos de vistas como estudiosos de los valores sociales, sus observaciones filosóficas, sus técnicas, sus recursos, y frecuentemente el puro contenido episódico de sus diseños.[6]

Muchos de los puntos de contacto señalados por Berkowitz son —como es lógico— comunes a *The Spectator* ya que Jouy fue su discípulo. Además se sabe que Mesonero tenía en su biblioteca una traducción francesa de *The Spectator* del año 1854.[7]

Mesonero llega a admitir como modelos a Addison y Jouy, aunque aclara que los siguió de lejos:

deseando ensayar un género que en otros países han ennoblecido las elegantes plumas de Adisson (sic), Jouy y otros me propuse, aunque *siguiendo de lejos* aquellos modelos y *adorando sus huellas,* presentar al público español cuadros que ofrezcan escenas de costumbres propias de nuestra nación.[8]

A pesar de que se observa una ortografía vacilante cuando cita a Addison, evidentemente estaba en él: «Adisson (sic) y Labruyère huyendo a todo correr de mi cabeza.»[9]

Addison aparece en los epígrafes de dos artículos, «Antes, Ahora y Después» y «Costumbres Literarias».[10] Pero por encima de estas abiertas admisiones Mesonero reproduce los propósitos, artificios y caracterización de censor que aquél usó en *The Spectator.* Sin exhibir la variedad de tipos humanos que desfilan en este periódico y en *The Tatler,* imitará caracteres, trasladará juicios y observaciones.

El seudónimo «El Curioso Parlante,» es una adaptación de *The Tatler.* Fusiona dos cualidades esenciales del censor, la observación y el hablar o transmitir lo observado. Insiste una y otra vez sobre su poder de observación, cualidad que presenta como innata: «es preciso haber nacido con una inclinación bien pronunciada hacia la observación de las costumbres.»[11] Siente la dificultad de describir las costumbres en «tiempos de rápida transición y de movilidad prodigiosa.»[12] Como lo hicieron antes Addison y Steele, escribe para mostrar «las pasiones, los errores y ridiculeces, así como las brillantes cualidades del hombre.»[13] Pero la sociedad en que vive necesita de su labor de censor, ya que son más los aspectos censurables que los encomiables.

Desdén de las virtudes pacíficas y sólidas; el vicio embellecido con todos los recursos del entendimiento; fortunas desiguales y rápidas; reputaciones usurpadas; confusión grosera de todas las clases; ficción en el trato exterior; cábala e intrigas interesadas en el interior; la amistad hecha una pura palabra; el amor un juego de ellas; la coquetería convertida en gracia; la pedantería, en ciencia, y el charlatanismo, en virtud.[14]

Como se puede ver lo que Mesonero critica en España es lo mismo que censuraron Addison y Steele en Inglaterra. Como éstos él también describe caracteres o tipos humanos, por lo tanto no retrata sino pinta: «los caracteres que necesariamente habré de describir no son retratos, sino tipos o figuras, así como yo no pretendo ser retratista, sino pintor.»[15] Por lo tanto advierte que «nadie podrá quejarse de ser el objeto directo» de sus artículos, advertencia común a todos los censores vistos.[16] Sus artículos «contienen la verdad,»[17] ya que cuenta lo que ve;[18] su pintura «espejo fiel» y «moral linterna mágica,» cubre aquellos aspectos olvidados por el historiador o distorsionados por la literatura de viajeros.[19] Intenta presentar un Madrid físico y moral, aunque a veces resulta «un compromiso demasiado fuerte» el hacerlo semanalmente en un «cuadro» de costumbres.[20]

En «Costumbres Literarias» expone las dificultades que debe vencer el escritor, la lucha con los medios de publicación y de venta; cuando el autor ha acabado el libro, «entonces es cuando empieza tu verdadero sufrimiento tu más ingrata tarea.»[21] De alguna manera esta queja retrotrae a «Ya soy redactor» de Larra. Mesonero aquí—como antes también lo hizo Clavijo y Fajardo—escucha en la trastienda de la librería donde se vende su obra las críticas del público, y las debe sufrir en silencio.[22]

Común a todos los censores es su obsesión de parecer anciano, para ofrecer juicios y observaciones que tienen el aval de la experiencia y edad.[23] A semejanza con The Spectator y El Pensador, él excluye

77

toda alusión política y más de una vez se preocupa en aclararlo para evitar cualquier interpretación errónea.[24] Para la redacción de sus artículos se vale de los mismos artificios esgrimidos por Mr. Spectator, así él también recibe cartas,[25] encuentra papeles olvidados por otros,[26] y tiene sueños reveladores.[27]

A) *Caracteres y comportamientos censurados*

Una particularidad de Mesonero es la de presentar los mismos caracteres en diferentes artículos. Homobono Quiñones, ejemplo del hombre agobiado por los gastos veleidosos de la corte, aparece en «El día 30 del mes» y en «El cesante». Dorotea Ventosa, la típica mujer producto de una educación equivocada, está en «Las tres tertulias» y en «Antes, Ahora y Después». Aquí se supone que muere, sin embargo vuelve a renacer con el agregado de otro apellido, Dorotea Ventosa Panzaaltrote en «Gustos que merecen palos,» aunque no se hace referencia a las actuaciones anteriores de Dorotea. La caracterización es sin embargo similar, «activa matrona es, en cierto sentido, una utilidad social.»[28] Otro ejemplo sería la familia de Melquiades Revesino, que protagoniza los artículos «Los Aires del lugar» y «El extranjero en su Patria.»

Esta situación corrobora lo dicho anteriormente, hay en Mesonero una tendencia a un desarrollo argumental. Sus tipos humanos no se dan aislados, la presencia de ellos en diversos artículos crea una relación de continuidad.

El rico heredero aparece a lo largo de su obra, generalmente su presentación no varía. Es siempre el poseedor de una sólida fortuna, producto del sacrificio y austeridad de los padres, que él dilapida por seguir los gustos y la moda de la nueva vida. La enseñanza es siempre la misma, ya que el caso es repetido y las consecuencias son previsibles. Todos terminan en una catástrofe enconómica, a veces con conatos de recuperación gracias a la suasoria intervención de El Curioso Parlante.[29]

Generalmente pretende mostrar los peligros de una vida vacía carente de metas, donde lo único que sobresale es la ostentación y el lujo. Esta situación se produce inclusive con altos funcionarios, como el ya citado Homobones Quiñones cuyo sueldo se esfuma al llegar el 30 del mes.

Muchas veces la «causa» de todos los «desastres» es el ocio, como El Curioso Parlante se lo dice al marqués de «Grandeza y Miseria.»[30] Es este ocio el que ha engendrado la frase española «hacer tiempo» que «equivale a perderle.»[31] El tema ya se vio ejemplicado en «Vuelva

Ud. Mañana» de Larra, y fue objeto de reflexión de Addison y Clavijo y Fajardo en los ensayos acerca del uso apropiado del tiempo.³² No podía faltar la pintura del político en «La Politicomanía», que es semejante a la dada por Steele en *The Tatler*. Aquí también el personaje se vuelve loco, como The Political Upholsterer por leer los periódicos noticiosos. En ambos, es un comerciante con mujer e hijos, y abandona todo por la lectura y comentario de los periódicos. El paralelismo es mayor que el señalado anteriormente con Larra, según se puede observar.

> Levantábase al amanecer, y su primera operación era rodearse de todos los periódicos nacionales y extranjeros que podía procurarse.³³

> se levantaba antes del amanecer para leer el *Postman*; y daba dos o tres vueltas hasta el final del pueblo, antes de que sus vecinos se hubieran levantado, para ver si había llegado alguna correspondencia holadensa.³⁴

> No hay que decir que los negocios particulares de mi tío decayeron a medida que se había ido ocupando de los negocios públicos.³⁵

> Esta infatigable clase de vida fue la ruina de su negocio.³⁶

Esta caracterización del político se vuelve a repetir en «Gustos que merecen palos.»³⁷

La presentación de tipos humanos llega a predominar sobre las escenas en su última obra *Tipos y Caracteres*, donde el tono moral deja paso al pintoresquismo. Más que nada hay un demorarse en la descripción de los nuevos tipos surgidos como consecuencia de una nueva estratificación social. Esto se observa claramente en «Contrastes» donde con una técnica de contrapunto va presentando los «tipos perdidos,» el religioso, lechuguino, cofrade . . . y los hallados, el periodista, juntero, artista . . .³⁸

Dentro de este libro hay un tipo «El pretendiente» que sufre de «una enfermedad endémica . . . la empleomanía.»³⁹ Esta epidemia, especie de «tifus contagioso . . . era el furor que a todos aquejaba de lanzarse a los empleos públicos,» con el consecuente abandono de los campos, talleres y estudios.⁴⁰ La empleomanía es para Mesonero una de las causas del debilitamiento de España y merece su ataque desde su primer libro, *Panorama Matritense*.

Generalmente la descripción del empleado público se presenta unida a otro mal ya visto: la ambición y vanidad por alcanzar otro status de vida. Así ocurre en «La Empleomanía», «1808 y 1830», «El Día 30 del mes», «El Cesante». Este empleado que depende de un sueldo fijo, se ve incapaz de afrontar una vida de necesidades superfluas y vanales, de lujo y magnificencia.

Las consecuencias de este tipo de vida, de padres cabalgando en la desorientación se marcan en los hijos. Mesonero no analiza la educación como tópico específico, pero sí ejemplifica una y otra vez cómo los padres son los únicos responsables de la formación de sus hijos. Esta actitud es común a todos los moralistas, Addison y Steele, Clavijo y Larra.

El personaje que cuenta su vida en «La Empleomanía», Fidel de la Veracruz fue precisamente gracias a los padres, «un señorito a la moda»:[41] había aprendido a bailar, tirar el florete, montar a caballo, leer francés. Un empleo acomodado es la única solución para sus gastos excesivos. Su posterior casamiento responde a su vanidad, ya que «el sistema de (su) educación era muy conforme a hacer triunfar ésta.»[42] Y lo mismo que él vivió con sus padres lo tuvo él: una casa que «hervía en diversiones,» unos hijos que luego de pasar por «maestros de esgrima, de canto y de baile . . . nada sabían» y «nada eran.»[43]

Como antes lo hizo Steele en el No 360 de *The Spectator*, aquí también se señala lo «perjudicial» que puede ser para un hijo los viajes al extranjero en la «edad más decisiva de su vida.»[44] El hijo regresa a su país y es extranjero en su patria: «fácil era prever semejante resultado, pues es bien sabido que la educación es una segunda naturaleza, acaso más fuerte que la primera.»[45]

Estas palabras encierran el mismo concepto expresado en *The Spectator* acerca de la educación de la juventud: «las primeras impresiones que tiene la mente son siempre las más fuertes.»[46]

La utilidad de los viajes al extranjero en la juventud, fue también motivo de inquietud para Clavijo y Fajardo.[47] Es inevitable pensar en el Pens. X de éste, cuando Mesonero se burla de los médicos incapaces. En «Junta de Médicos» segunda parte del artículo «Una Noche de Vela», está gravemente enfermo un conde de vida licenciosa. El médico de cabecera recuerda al Esculapio de *El Pensador*, luego de intentar varios procedimientos e incluso llamar a una junta de médicos tan incapaces como él, acaba con la vida del enfermo.[48]

En «El Fastidioso», se ataca a las personas que insisten en imponer su presencia y su conversación, convirtiéndose en verdaderos tormentos para la gente: «se adhiere como la ostra a la roca . . . Es amigo de visitas extemporáneas, y no hay hora en el día ni en la noche asegurada contra su aparición.»[49] El mismo tema lo trató Steele en los números 24 y 424 de *The Spectator*. En el No 24 la situación es presentada a través de las quejas de dos lectores, que son castigados con compañías impuestas cuando quieren estar solos. Steele se lamenta y dice: «Hay en este pueblo un gran número de gente insignificante que de ningún modo pueden mantener una buena conversación, y todavía tienen una impertinente ambición de estar con quienes no lo reciben. Lo que hace a estas personas más molestas, es que no pueden advertir cuando ofenden o agradan.»[50]

El cómo la vestimenta determina al ser humano se expone en la primera parte de «El Gabán»: «no podrá negarse la influencia del hábito en la exterioridad de la persona.»[51] Reflexión similar aparece en *The Spectator*, donde se comenta acerca de las consecuencias de una vestimenta no digna de la clase y estado social de la persona.[52]

Aunque en menor medida que a Steele, a Mesonero le preocupan las condiciones diarias de vida.[53] La limpieza de la ciudad, el estado de las calles y mejor numeración de las casas aparece en el artículo «Policía Urbana».[54]

B) *Concepto y situación de la mujer*

El estudio de la mujer en Mesonero responde más a estereotipos que a verdadera observación. Se presenta a la mujer que sigue los dictados de la moda, irreflexiva, gastadora, no escatima esfuerzos para brillar con su vestimenta al lado de marquesas o condesas. Esta vida de despilfarros produce graves quebrantos en la economía del hogar. Una y otra vez, las crisis económicas no son causadas por la inhabilidad del marido, sino por los excesivos gastos de la mujer.[55]

Las observaciones que hace Mesonero para que la mujer se aleje de la moda y sea ella son familiares, ya se señalaron en *The Spectator* y *The Tatler*: «el vestido vale generalmente tanto como la educación, y la figura corre en ocasiones a más subido precio que las cualidades del alma.»[56]

El concepto de Mesonero acerca de la moda es vacilante, a veces parece estar de acuerdo con la moda actual donde «el albedrío es libre en la elección,» otras, señala que «no hay creencia» y «reina en ella la anarquía.»[57]

Esta vacilación se observa también cuando juzga a la mujer: «Ellas regulan nuestra sociedad; ellas incitan al hombre a todos sus empresas,» pero más adelante concluye, «sus caprichos dirigen nuestros cálculos; sus necesidades fingidas nos crean los verdaderas.» Y cuáles son los «caprichos mujeriles»: «el lujo extravagante,» y el «fausto exterior.»[58] Mesonero aclara que esto es un mal común en todo el pueblo, aunque lo puntualiza en la mujer. La mujer a causa de la moda aparenta ser lo que no es: «Grande error es en la mujer el no tomar en cuenta las apariencias, pues las más veces suele juzgarse por éstas.»[59]

Es la moda la que ha fomentado en ella una actitud más desenfadada, como ir de tertulia en tertulia[60] perdiendo el tiempo en conversaciones inútiles, cuyo principales tópicos son acerca del clima y de la ópera.[61]

El lamentable estado de ociosidad en la mujer, cuyas frívolas ocupaciones son el asunto principal de su vida se trata en «Las niñas del día» y en «Gustos que merecen palos.» En este artículo se pinta a las «doncellas melindrosas que reparten su vida entre los cuidados de su tocador . . . la enseñanza del loro indiano . . . el riego de sus macetas,» la lectura de un tomo de Zorrilla o de Eugenio Sué, el piano y el canto.[62]

La descripción y crítica retrotraen a *The Tatler* y *The Spectator*, como en estos el problema y la necesidad de la educación en la mujer se señalan aunque no se analizan profundamente.

La mujer tiene una misión importante en la sociedad, «llamadas por la naturaleza a prestar al hombre los primeros cuidados, e inspirarles sus primeras sensaciones o desenvolver sus primeras ideas.»[63] La influencia de la mujer en la sociedad desde este punto de vista es esencial, ya que en ella reposa la formación y conducción de generaciones futuras. De allí que insista en presentar para la censura el caso de la mujer que arrebatada por los lujos y la moda, traslada a sus hijos sus propias faltas. Esta situación de cómo los padres marcan a sus hijos con sus «own faults and infirmities» fue señalada por Steele.[64]

En Mesonero es Dorotea Ventosa quien mejor ejemplifica lo dicho, su vida vacía, disoluta, continúa en la de su hija Margarita y luego en la de sus nietos.[65] Se presenta aquí a la madre e hijas rivales en la sociedad y en la conquista de adoradores. Aquélla consecuencia de una educación estricta, ésta de una extremada libertad. La situación de antagonistas y celosas recuerda los caracteres de Steele: Flavia, la madre y Lucía, la hija.[66]

Como antes lo hizo también Steele, marca la necesidad de que la madre críe a sus hijos en vez de entregarlos a extrañas nodrizas.[67] Es precisamente Margarita quien sucumbe y acalla su natural inclinación por seguir la moda, que exige el ciudado de sus gracias externas. Así entre «cien groseras aldeanas» escoge «la más linda y esbelta» para nodriza.[68]

Otros caracteres completan la descripción de la mujer, la charlatana,[69] la coqueta y seductora,[70] la risueña.[71]

La actitud de Mesonero hacia la mujer está dentro de la corriente tradicional conservadora. Aunque critica la educación frívola impuesta por la moda, se inclina por aquélla impartida en el pasado donde «la niña aprendía cerca de su mamá aquellas labores y conocimientos propios de una mujer, que algún día ha de dirigir una casa.»[72] Está también dentro de los escritores galantes, cuando hace su «deliciosa» descripción física donde sobresalen «dos primorosos bucles tras de la oreja» y el «lindo pie encerrado sin violencia en su gracioso zapatito.»[73] Y más adelante cuando también embelesado enumera los atractivos de la mujer madrileña que «baila, ríe, juega, burla, reprende y seduce con más gracia a sus numerosos adoradores.»[74]

Aunque Mesonero cita sólo a Addison en realidad a quien más sigue es a Steele. Dejando de lado que toma de ambos la caracterización de censor, sus propósitos, la misión de «counsel of manners» y los mismos artificios de redacción; los temas o ideas de sus artículos pertenecen más a Steele que a Addison. El que Mesonero sólo mencione a éste, quizás se deba a que *The Spectator* figuró como obra esencialmente de él.

A pesar de que Mesonero nunca alude a Clavijo y Fajardo, es interesante ver que siete Pensamientos (VI, X, XII, XVII, XIX, XXV, LV), están conectados con sus artículos.[75] Solamente Montgomery mencionó antes el paralelismo entre el Pens. LV «Carta de un peluquero» y «El barbero de Madrid» de Mesonero.[76]

El Curioso Parlante es de los tres autores estudiados el reconocido como maestro de escuela, el que marcó las pautas a seguir a sus continuadores. Esto puede ser debido a varias causas. Su larga vida y su persistencia en el cultivo del género. El repetir una y otra vez que él era el iniciador del costumbrismo en España y que caminaba sobre terreno virgen. El ser el fundador de la revista *Semanario Pintoresco* que tanta repercusión tuvo. El colaborar en la colección de tipos, *Los españoles pintados por sí mismos* (1834-44) de la cual parece que fue el espíritu rector.[77]

Desde el punto de vista del artículo costumbrista como se ha analizado hasta aquí Larra es superior a Mesonero. Este es más sentencioso, más difuso, menos conciso, menos directo. Su estilo campanudo adolece de rancidad. La repetición de los mismos recursos que justifican sus dotes de observador innato, atentan con la paciencia del moderno lector. Aunque exhibe más variedad de temas que Larra, hubiera sido preferible más originalidad y frescura en el tratamiento de ellos.

NOTAS

1— PUBLICACIONES REPRESENTATIVAS

2— LARRA

1. Se ha utilizado como fuente el detallado estudio de Montgomery *Early Costumbrista Writers in Spain 1750-1830*. Por caer fuera de la extensión del presente trabajo, sólo se consignan las producciones más representativas.
2. Montgomery, *Early Costumbrista*, 46.
3. ibid., 61.
4. ibid., 63. José Escobar, *Los orígenes de la obra de Larra* (Madrid: Prensa Española, 1973), no está de acuerdo con las semejanzas señaladas por Montgomery entre el artículo taurino y «El cómico de la lengua» y los artículos de Larra mencionados (nota 97, p. 197).
5. Georges Le Gentil, *Le Poète Manuel Bretón de los Herreros et la Societé Espagnole. De 1830 a 1860* (Paris: Hachette, 1909), 243.
6. M.E. Porter, «Eugenio de Tapia. A Forerunner of Mesonero Romanos», *Hispanic Review*, 8 (January, 1940), 145-155, considera que «El viage de un curioso por Madrid» (1807) de Eugenio de Tapia es el primer antecedente costumbrista entre los originadores del género (Larra, Mesonero, Estébanez Calderón). La obra por la fecha (1807) se adelanta a «La posada» (1818), sin embargo por la extensión (150 páginas divididas en dos jornadas), se aleja del artículo costumbrista; hay evidentes disgresiones y cuentos dentro del relato, que como Porter reconoce «could be lifted out and with slight modification could be presented as separate artículos de costumbres», 153.
7. Montgomery, *Early Costumbrista*, 75.
8. M. Ucelay Da Cal, *Los españoles*, 37.
9. Montgomery, *Early Costumbrista*, 88.
10. Se cita además a otro francés como maestro de Larra, Paul Louis Courier (1772-1825), libelista de la Restauración que tiene en común con Larra la inquietud política, aunque cae fuera del costumbrismo por ser su sátira eminentemente política.
11. Paul Lacombe en su valiosa *Bibliographie Parisienne. Tableau De Moeurs 1600-1880* (Paris: Chez P. Rouquette, 1887), lo enjuicia así: «Malgré ses excellentes qualités et les intéressantes indications qu'il contient *L'Hermite de la Chaussée d'Antin* contient quelquefois des erreurs et devra être cité avec un certaine circonspection», 83; las contradicciones acumuladas por Jouy, fueron violentamente criticadas por sus contemporáneos, 83.
12. Victor Joseph Etienne, *L'Hermite de la Chaussée d'Antin*, 5a. edic. (Paris: Pillet, 1815), I, «Avant-Propos».
13. Victor Joseph Etienne, *Oeuvres Complètes* (Paris, 1823), I, «Avant-Propos».
14. Victor Joseph Etienne, *The Paris Spectator . . . containing observations on parisian manners*, trad. William Jordan, 3 vols. in 12 (London, 1815).
15. Georges Le Gentil, *Le Poète*, 245.
16. M. Ucelay Da Cal, *Los españoles*, 57.
17. Vid. p. 62 del presente trabajo.
18. F. Courtney Tarr, «Larra's Duende Satírico del Día», *Modern Philology*, 36 (August, 1928), 31-46, 37.
19. Georges Le Gentil, *Le Poète*, 243.
20. W.S. Hendrix, «Notes on Jouy's Influence on Larra», *The Romanic Review*, 9 (1920), 37-45, 45.
21. Francisco Caravaca, «Notas sobre las fuentes», 12 y sgtes.
22. Luis Lorenzo Rivero, *Larra y Sarmiento, Paralelismos históricos y literarios*

(Madrid: Guadarrama, 1968), 62.
23. Francisco Caravaca, «Notas sobre las fuentes», 10-11; José Escobar, *Los orígenes*, acertadamente refuta los paralelismos señalados por Caravaca (nota 14, p. 141).
24. L. Lorenzo Rivero, *Larra y Sarmiento*, 58.
25. Mariano José de Larra, *Artículos I, II*, ed. Carlos Seco Serrano (Madrid: Biblioteca de Autores Españoles, 1960), II, 238, todas las citas corresponden a esta edición.
26. «Panorama Matritense», II, 239.
27. «Un periódico nuevo», I, 446-47.
28. «Panorama Matritense», II, 242.
29. *The Spectator*, I, No 124, 506.
30. «El Duende y el librero», I, 7.
31. «La Satiricomanía», I, 197.
32. «El café», I, 9, 14, «El Castellano viejo», I, 114.
33. «Variedades Críticas», I, 283.
34. «El café», I, 9, «El Castellano viejo», I, 114, «El Duende y el librero», I, 8.
35. «El Duende y el librero», I, 7.
36. «La Vida de Madrid», II, 40, también en «Baile de Máscaras», II, 41.
37. «La polémica literaria», I, 265, «Carta Segunda escrita a Andrés, II, 102.
38. «El mundo todo es máscaras», I, 140, también en «La Polémica Literaria», I, 265.
39. «Quién es el público», I, 73, «Muerte del Pobrecito Hablador», I, 153, «Mi nombre y mis propósitos», I, 173.
40. «Retiréme temprano, que no le sientan bien a mis canas ver entrar a Febo», «Empeños y Desempeños», I, 91, también en «El Castellano viejo», I, 114.
41. «El café», I, 9, también en «Quién es el público», I, 73, «Mi nombre y mis propósitos», I, 174.
42. «Yo quiero ser cómico,» I, 187.
43. «Muerte del . . .», I, 152, *The Tatler*, No 7, 15.
44. F. Caravaca, «Notas sobre las fuentes», 7.
45. «La Polémica Literaria», I, 264.
46. «El café», I, 9-10.
47. «the Military Pedant, who always talks in a Camp, and is storming Towns, making Lodgements, and fighting Battles from one end of the year to the other. Every thing he speaks smells of Gunpowder; if you take away his Artillery from him, he has not a word to say for himself» *The Spectator*, I, No 105, 438.
48. *The Tatler*, Nos. 155, 160, 232.
49. «El café», I, 10.
50. «Varios Caracteres», I, 291.
51. «El café», I, 10.
52. «a Head which is full though confused, so that a Man who converses with him may often recieve from him hints of things that are worth knowing, and what he may possible turn to his own Advantage.» *The Spectator*, I, No 105, 438.
53. «Varios Caracteres», I, 292.
54. «Los Amigos», I, 300.
55. «He will tell you the Names of the Principal Favourites, repeat the shrewd sayings of a Man of Quality, whisper an Intriegue that is not yet blown upon by common Fame.» *The Spectator*, I, No 105, 437.
56. «Vuelva Usted Mañana», I, 139.
57. «Quién es el público», I, 73.
58. *The Spectator*, III, No 317, 152.
59. «La Vida de Madrid», II, 39.
60. «Don Cándido Buenafé o El Camino de la Gloria», I, 203.
61. «Don Timoteo o El Literato», I, 259.
62. «It is a melancholy thing to consider that the Art of Printing, which might be the

greatest Blessing to Mankind, should prove detrimental to us.» *The Spectator*, IV, No 582, 590-91.
63. «growing too intimate, and falling into displeasing familiarities . . . Familiarity in inferiors is sauciness; in superiors, condescension. *The Tatler*, No 225, 406-7.
64. «¿Entre qué gente estamos?», II, 28.
65. «Los Amigos», I, 298.
66. «That a Man should live . . . with his Friend in such a manner, that if he became his Enemy it should not be in his Power to hurt him.» *The Spectator*, II, No 225, 375.
67. «Los Amigos», I, 300.
68. «Every Man is ready to give in a long Cataloque of those Virtues and good Qualities he expects to find in the Person of a Friend, but very few of us are careful to cultivate them in our'selves.» *The Spectator*, III, No 385, 445.
69. «El duelo», II, 81.
70. «El tema tratado en los Nos. 25, 28, 39 de *The Tatler* y Nos. 84, 97, 99 de *The Spectator*. Aunque Lorenzo Rivero (*Larra y Sarmiento*, 58), encuentra un paralelismo entre el No 25 y «El duelo» de Larra, la similitud se da sólo en el asunto.
71. «El duelo», II, 80.
72. «and the Judge condemns the Duellist, while he approves his Behaviour.» *The Spectator*, I, No 84, 359-60.
73. «En este País», I, 218, 219.
74. «El Ministerio Mendizábal», II, 215-16.
75. «Don Timoteo o El Literato», I, 259.
76. «Corridas de Toro», I, 29.
77. «La sociedad», I, 444.
78. «El café», I, 12.
79. «El Casarse pronto y mal», I, 110, 109.
80. Vid p. 23 del presente trabajo.
81. «El Casarse...», I, 108-9.
82. Vid. p. 20 y 28 del presente trabajo.
83. «El Casarse...», I, 112.
84. «En este País», I, 218.
85. «La Polémica Literaria», I, 265, «Revista del año 1834», II, 51.
86. «Panorama Matritense», II, 239.
87. «El Album», II, 83, el subrayado es mío.

3— MESONERO ROMANOS

1. Mesonero Romanos, *Escenas Matritenses. Panorama Matritense. Escenas Matritenses. Tipos y Caracteres*, ed. Federico Carlos Sainz de Robles (Madrid: Aguilar, 1945), «De Tejas Arriba», 580. Todas las citas de Mesonero corresponden a esta edición.
2. «Adiós al lector», 705-6.
3. Larra, «Panorama Matritense», II, 244.
4. G. Le Gentil, *Le Poète*, 238.
5. H. Chonon Berkowitz, «Ramón de Mesonero Romanos. A Study of his Costumbrista Essays», Doctoral Dissertation Cornell University, 1925; «Mesonero Indebtedness to Jouy», *PMLA*, 45 (June, 1930), 553-572.
6. H.C. Berkowitz, «Mesonero Indebtedness», 555.
7. Lomba y Pedraja, *Mariano José de Larra (Fígaro). Cuatro estudios que lo abordan o le bordean* (Madrid: Tipografía de Archivos, 1936), 56.
8. «Las costumbres de Madrid», 6.
9. «Hablemos de mi pleito», 451.
10. «Antes, Ahora y Después», 512, «Costumbres Literarias», 391.

11. «Mi calle», 371.
12. ibid.
13. «El Observatorio de la Puerta del Sol», 355.
14. «1808-1832», 88.
15. «El Observatorio», 354-55.
16. «Las costumbres de Madrid», 7.
17. «El Observatorio», 355.
18. «La Romería de San Isidro», 45.
19. «La casa a la antigua», 264.
20. «El Barbero de Madrid», 129.
21. «Costumbres Literarias», 389.
22. *El Pensador*, I, Pens. IV, 77.
23. «El Retratro», 8.
24. Nota de Mesonero en «La Empleomanía», 58.
25. «La Casa a la antigua», 263.
26. «El Dominó», 214.
27. «El Salón de Oriente», 384, «La Romería», 51.
28. «Gustos que merecen palos», 721.
29. «Grandeza y miseria», 142, «La Bolsa», 485.
30. «Grandeza y miseria», 148.
31. «A Prima Noche», 340.
32. Vid. p. 49 del presente trabajo.
33. «La Politicomanía», 169.
34. «he rose before day to read the Post-man; and that he would take two or three turns to the other end of the town before his neighbours were up, to see if there were any Dutch mails come in.» *The Tatler*, No 155, 304.
35. «La Politicomanía», 171.
36. «This indefatigable kind of life was the ruin of his shop.» *The Tatler*, No 155, 304.
37. «Gustos que merecen palos», 721.
38. «Contrastes», 766.
39. «El Pretendiente», 752.
40. «Cuatro para un hueso», 829.
41. «La Empleomanía», 54.
42. ibid., 56.
43. ibid., 56-57.
44. «El extranjero en su Patria», 191.
45. ibid., 195.
46. «the first Impressions which are made on the Mind are always the strongest.» *The Spectator*, III, No 337, 249.
47. Vid. p. 51 del presente trabajo.
48. *El Pensador*, I, Pens. X, 240; «Una noche de vela», 536.
49. «El Fastidioso», 813-14.
50. «There are in this Town a great Number of insignificant People who are by no Means fit for the better sort of Conversation, and yet have an impertinent Ambition of appearing with those to whom they are not welcome . . . What makes such Fellows the more burdensome is, that they neither offend or please so far as to be taken Notice of for either.» *The Spectator*, I, No 24, 100-1.
51. «El Gabán», 823.
52. *The Spectator*, II, No 150, 93.
53. *The Tatler*, No 18, 41.
54. «Policía Urbana», 244.
55. «Las Tiendas», 122, «Las Ferias», 135.
56. «Las Ferias», 135.
57. «El sombrerito y la mantilla», 334, «El Gabán», 828.
58. «Carácter de los habitantes», 844.

59. «Antes, Ahora y Después», 524.
60. «Las tres tertulias», 180.
61. «Las visitas del día», 33, 34, 35.
62. «Gustos que merecen palos», 724.
63. «Antes,...», 513.
64. *The Tatler*, No 235, 419.
65. «Antes,...», 512.
66. *The Tatler*, No 206, 380.
67. *The Tatler*, No 15, 36.
68. «Antes,...», 523.
69. «Un viaje al sitio», 61.
70. «Las niñas del día», 207-8.
71. «Una mujer risueña», 817.
72. «1808 y 1832», 89.
73. «Paseo por las calles», 309.
74. «Carácter de los habitantes», 845.
75. Pens. VI, acerca de las amas de leche, «Antes,...»; Pens. X, Esculapio el médico incapaz, «Una Noche de Vela»; Pens. XII y XIX viajes al extranjero, importancia en la juventud, «El extranjero en su Patria»; Pens. XVII y XXV las tertulias, «Las tres tertulias»; Pens. LV carta de un peluquero, «El barbero de Madrid».
76. Montgomery, *Early Costumbrista*, 31.
77. M. Ucelay Da Cal, *Los españoles*. Es importante mencionar que la fuente de *Los españoles pintados por sí mismos* fue *Les Français peints par eux-mêmes*, que a su vez se inspiró en la obra inglesa *Heads of the People* (Ver Hendrix, «Notes on Collections of Types a form of Costumbrismo»).

CAPÍTULO IV

COSTUMBRISMO ARGENTINO DE PRINCIPIOS DE SIGLO XIX

1— LOS INGLESES EN ARGENTINA

Al hablar de la génesis del artículo costumbrista en Argentina es mi propósito demostrar cómo anterior a la influencia del costumbrismo español, se produce la del costumbrismo inglés a través de los ensayistas Addison y Steele. El origen del artículo costumbrista en Argentina, está íntimamente ligado a la presencia de los ingleses en el país. La primera invasión inglesa en 1806 aunque fue un fracaso para la armada británica, mostró de Argentina una imagen falsa de riqueza y prosperidad que la presentaba como un vasto mercado.

Son muy valiosos los testimonios de los viajeros ingleses, cuyas anotaciones capitales ofrecen importante material acerca de las costumbres y principales sucesos posteriores a la Revolución en Argentina. Samuel Haigh llegó al país en 1817 y alude a las causas del arribo de comerciantes ingleses:

> El súbito y temerario ataque de Sir Home Popham y el general Beresford contra Buenos Aires, en 18C֊, despertó interés especial en Inglaterra por esta parte del mundo. El error craso acerca de su enorme riqueza y capacidad comercial, produjo imprecisión en la parte comercial de la comunidad, cuyos resultados están frescos en sus mentes hasta ahora.[1]

Es Busaniche quien también menciona este hecho y cuenta cómo los tesoros de Buenos Aires fueron paseados en Londres, «lo que hizo creer a los ingleses de allende el mar que habían conquistado Perú.»² Evidentemente el espíritu mercantilista inglés respondió ampliamente y una caudalosa corriente de inversión de capital se asienta en el país. Fue decisiva la acción de Rivadavia, quien durante su ministerio provincial fomentó la especulación. Se conocen las cartas que envió a Hullet Hermanos en Londres, para tratar la implantación de compañías de minas, de agricultura y traslado de colonos al país.

Beaumont en su libro de viajes, revela su decepción de Rivadavia y sus agentes ante la falta de protección legal y de seguridad.³ Beaumont llega al país con dos objetivos, uno principal como representante de la Agricultural Association del padre para traer colonos ingleses; el otro, de colaborar con la política de inmigración del país. Fracasa, desalentado por nuestra sociedad vacilante e inorgánica regresa a Londres en 1827.

La empresa de minas a cargo de S.B. Head, tuvo igual final. Sin embargo muchos fueron los ingleses que se quedaron por haber iniciado negocios privados, como los hermanos Robertson que estuvieron hasta 1830 y cuyas *Letters on South America* ilustran sobre sus años vividos en Paraguay, Montevideo y Argentina.⁴

La mayoría de estos viajeros no tienen sino palabras de agradecimiento hacia la sociedad argentina, que tan generosamente les abría sus puertas. Los ingleses marcarán una época de la vida argentina al trasladar al país su cultura, sus costumbres, su «progreso», y aquella parte de la sociedad que quería abrir el camino a la razón y difundir nuevos conocimientos, recibirá ampliamente a quienes significaban el pensamiento liberal, frente al hispano feudal que trataban de desterrar.

Rastrear la influencia de Addison y Steele en Argentina que recibió una corriente inmigratoria inglesa, parecería más obvio que en España. Sin embargo no se ha realizado, quizás por los trabajos de crítica que sostienen el excluyente magisterio del costumbrismo español. Mucho se ha insistido en que, «El habitual modelo de los primeros costumbristas argentinos fue el muy admirado Mariano José de Larra.»⁵ Si bien es cierto que la influencia de Larra es innegable, se produce antes y paralelamente a la de él la de los ensayistas ingleses.

Es necesario advertir que a pesar de algunas señales románticas, se vive todavía un predominio neoclasicista. Los periódicos a analizar se sitúan dentro de los primeros cuarenta años del siglo XIX y responden todos al Neoclasicismo. Significan el esfuerzo de una minoría renovadora—consciente de realidades que exigen reformas—frente a la pasividad o resistencia de una mayoría aferrada a tradiciones y antiguas formas de vida. El periodismo es el conducto para expandir una literatura racional, metódica, didáctica, es un medio de cultura dirigida. A través de él se dan a conocer libros extranjeros que informan sobre el movimiento intelectual de Europa.

Esta internacionalización de la cultura que responde a un afán de ilustración, no puede limitarse a un solo autor. Conocían indudablemente y admiraban al Larra neoclásico, pero junto a él se leían obras francesas e inglesas inscriptas dentro del racionalismo crítico ilustrado. A esto se debe que el periodismo sea esencialmente una literatura de denuncia de un antiguo sistema social arbitrario e irracional, que muestra la necesidad de que todos—hombres y mujeres—intervengan en la transformación de la realidad. De allí la preocupación que tienen de que la mujer se nivele al hombre, se «ilustre» y colabore con el bien común.

Se advertirá en los periódicos a analizar un propósito instructivo moralizador que abarca gran variedad de problemas desde los más nimios a los fundamentales. Se cumple así con creces la característica neoclásica de una cultura utilitaria. Esta minoría educada advierte la necesidad de guiar al pueblo en aspectos, que ahora quizás resulten obvios, pero que no lo fueron para aquella época. No sólo señalan el ridículo, combaten la rutina, las absurdas exigencias sociales, sino que educan. Los defectos del pueblo, el atraso nacional, son consecuencias de una falta de cultura. Los abusos, indolencias, prácticas viciosas solamente pueden ser extirpados por la instrucción y son los periódicos los encargados de tal misión.

Se señalará la presencia de los ensayistas ingleses en *The British Packet*, periódico inglés y los siguientes fundados por argentinos. *La Argentina* periódico casi desconocido u olvidado por ser escrito por «mujeres» y para la mujer, es de todos los analizados el que ofrece la más asombrosa similitud con *The Spectator*. Prácticamente la concepción de la mujer, de su misión en la sociedad y del matrimonio, están tomadas de Addison y de Steele.

Los otros periódicos a ver, *La Moda, El Iniciador, El Progreso*, pertenecen a la generación de los proscriptos. Hombres conscientes de su destino social en momentos de organización, de ruptura de estructuras coloniales y de lucha contra gobiernos despóticos, comprendieron la necesidad de formar nuevas costumbres. Advirtieron que solamente la educación podía engendrar «nuevas habitudes» que destruyeran las retrógradas heredadas. Son todos reformadores, censores de la sociedad, que escudriñarán en los vicios y ridiculeces del ser humano con sarcasmo, a veces acritud, muchas con ironía.

Con respecto al otro periódico por revisar, *Diario de la Tarde* que responde al costumbrismo de Mesonero Romanos, es el único que reproduce dos ensayos completos de *The Spectator*.

El artículo costumbrista en todos estos periódicos continúa con la misma finalidad ético-social impuesta por Addison y Steele. Está completamente alejado de lo meramente descriptivo o pintoresquista y tiene como meta la reforma de las costumbres. Se observa una mayor preocupación—con respecto a España—por educar y civilizar. Esta corriente de urbanismo y civilidad es explícita a través de reglas y consejos: «Reglas para la educación en el hogar» (*The British Packet*, 1325), «Reglas generales para la conversación» (*La Argentina*, 7, 8, 10, 11), «Civilidad», «Señales de hombre fino» (*La Moda*, 9, 15).

El «buen gusto», otra nota neoclásica constante en *The Tatler* y *The Spectator*, se cultiva en artículos que ridiculizan lo vulgar, lo que es signo de escasa educación y se extiende a las diversiones públicas como el toreo y el carnaval. Esta última tan intensamente combatida en todos los periódicos, se presenta como paradigma de la sociedad argentina, de su atraso y falta de progreso.

El artículo costumbrista ético-social es en Argentina anterior al pintoresquista descriptivo, según lo acuñó Mesonero Romanos. Este último está circunscripto a pintar los usos populares, la vida exterior, con una actitud comprensiva del autor ante las ridiculeces del ser humano. Añorará un pasado ido, recreará nuevamente sus tipos más pintorescos, opondrá el hoy movedizo y cambiante a un ayer estático pero conocido, todo con una actitud de bonachona aceptación, quizás con una ligera sonrisa, completamente alejado de la sátira acusatoria, sin oponerse ni pretender modificar el orden establecido.

2— THE BRITISH PACKET

Fue fundado por Thomas George Love, nacido en Londres en 1793 y muerto en el país el 6 de diciembre de 1845. El periódico representa una innovación frente a los existentes en el país. La formación clásica de Love conocedor tanto de la literatura grecolatina como de la universal, otorga al periódico un espíritu de mesura, equilibrio y de juguetona ironía.

The British Packet salió el 4 de agosto de 1826 y desaparece el 25 de setiembre de 1858.[6] En total fueron 1666 números de paginación regular de dos hojas sin numerar in 4° y 2°. A veces se le agregaba un suplemento de noticias o cartas. Salía los sábados, aunque los Nos. 1651 a 1653 se publicaron los viernes. Los redactores fueron Thomas George Love, Alexander Brander, Gilbert Ramsay y George Thomas. Las imprentas Jones, del Estado, Stephen Hallet, Gaceta Mercantil, Crónica, British Packet y Peter Gautier.[7]

Con respecto a Thomas Love—que también fue director del

Bristish Commerical Room—creo que el mejor juicio lo da el mismo periódico en la nota necrológica del 6 de diciembre de 1845.

Como escritor público Mr. Love se dio con encono a la detracción del perjuicio, del escarnio y de los vituperios de la malicia, no menos que a la difamación de la ignorancia: pero él siempre retuvo entre la población extranjera la estima sincera de todo hombre de sentimiento correcto y recto principio. Sus opiniones fueron la expressión de sus honestas convicciones, y aquellas convicciones el resultado de la experiencia y de una diligente indagación.[8]

Se ha repetido mucho las palabras de Paul Groussac alabando «la actitud prudente de Love y su deslizar de anguila por las aguas turbias de la política. Durante veinte años resolvió superiormente el problema de indicarlo todo—o casi todo—de pasada, sin comprometerse, ni envilecerse... Love quedaba siempre elegante.»[9] Hay mucho de verdad en todo esto, especialmente en la caracterización de la mesura de Love, sin embargo aunque Love había prometido no tomar partido en la política hubo una excepción. Fue en 1829 cuando se manifestó en contra de la insurrección militar del 1 de diciembre de 1828 y de la muerte de Dorrego por Lavalle.

Cuando Lavalle ocupa abruptamente el poder, manda cerrar el periódico. La suspensión dura desde el 23 de mayo de 1829 hasta el 13 de junio del mismo año.[10] El hecho no lo desmerece sino que por el contrario humaniza esa figura de «anguila» frente a una situación catastrófica para el país en esos momentos. En el próximo número sólo habrá una velada alusión a lo ocurrido, realizada con mucha altura y discreción. Al explicar el detalle de los acontecimientos marinos acaecidos desde la última publicación dirá:

> ayudará a mantener la información correcta y corregir la desviación a la cual fue forzado *The British Packet*. No tenemos, como nuestros contemporáneos, una abundancia de manos que nos permita ir y abarcar todo de una sola vez, ni un cilindro patentado o una prensa de vapor, que nos ayuden en el agua, pero debemos estar contentos de ir «al trote» bastante satisfechos, si en cualquier momento el viejo proverbio se verifica en nuestro caso: «despacio pero seguro se llega a tiempo».[11]

En el No 1 del 4 de agosto de 1826 hay un espacio, «To Our Readers», donde se explica a quiénes va dirigido el periódico: a los residentes británicos de Bs. As. y quizás más adelante a los de la costa Pacífica, a los nativos y extranjeros de Bs. As. conocedores o que quieran conocer la lengua inglesa, a los habitantes de Gran Bretaña relacionados con Bs. As. A los residentes británicos se les ofrecerá noticias inglesas y a los nativos e ingleses en Inglaterra una información sobre Bs. As. sus instituciones y progreso. Las noticias extranjeras generalmente aparecen en la primera página, y las del país en la segunda.

Se aclara que «serán cuidadosamente excluidos de nuestras páginas el partidismo espiritual, de personalidad y la controversia religiosa.»[12] Con las noticias políticas alternan los comentarios sobre música y literatura, los de índole teatral—valioso aporte al desarrollo de dicha actividad en esa época—a través de juicios abundantes, compactos y oportunos. Hay además una completa información sobre el movimiento marítimo en el puerto de Buenos Aires, los periódicos contemporáneos y una sección de avisos comerciales.

Procederé a analizar el otro tipo de material, el que cae dentro del costumbrismo. Es imposible dejar de pensar en *The Tatler* y *The Spectator* cuando se lee *The British Packet*. Love como Addison y Steele se erige en maestro «of common life» para indicar las falsedades y vicios de la sociedad. Esta corriente iniciada por *The British Packet* en Argentina, será continuada por los otros periódicos.

El periódico ofrece una vívida y humorística pintura de la vida de Bs. As., sus diversiones y desarrollo de la moda; aunado a ello hay consejos para la educación de la mujer y de la juventud. A igual que Addison y Steele, Love trata de que esta instrucción sea agradable y útil uniendo el humor y la corrección. Se muestra como aquéllos muy conocedor del arte de la vida; observador minucioso y reflexivo emite juicios inteligentes, llenos de gracia, buen gusto y humanidad. Su propósito es también el de mejorar las relaciones humanas mediante un doble enfoque: el negativo, condenando lo equivocado y el positivo, alabando lo correcto.

Love está consciente de la dificultad de corregir comportamientos humanos; en el No 324 «Manners», las juzga como un regalo difícil de definir, mejor que la salud, la belleza o el talento y aquél que las tiene en grado sumo «posee el secreto más sutil del diplomático y el hombre de estado.»[13]

The British Packet difiere de los periódicos londinenses en la brevedad de sus artículos, pues no era un periódico totalmente literario sino también noticioso. A veces más que artículos son brochazos rápidos llenos de enjundia, con un estilo compacto y sucinto.

A) *Concepto y situación de la mujer*

El tema de la mujer se rastrea a lo largo de todo el periódico. No se escatiman artículos propios o extraídos generalmente de la revista inglesa *The World of Fashion*, para mostrar a la mujer como un ser débil manejado por los dictados de los líderes de la moda. Love parecería tener in mente las palabras de *The Spectator* acerca de quienes siguen la moda:

Aquéllos que por facilidad de temperamento y demasiada sumisión, son viciosos por falta de voluntad y siguen—aunque no los aprueban—a los líderes, por no tener la valentía de ir de acuerdo a sus modos, son personas aptas para esta conducción. Aquéllos que se resisten a envejecer, o que no harían nada contrario al curso u orden de las cosas, por la afición de estar a la moda, son candidatos apropiados.[14]

La idea es mostrar cómo tanto el hombre como la mujer son gobernados por sus sentidos y conmovidos por todo lo que aparece agradablemente. Cómo contribuyen los vestidos y peinados a hacerlos atractivos, pero al mismo tiempo cuánto le deben.

La censura al tamaño exagerado de las peinetas y al excesivo costo de ellas aparece una y otra vez.[15] En el No 356 bajo el título «Fulmination against Fashionable Comb»,[16] hay un comentario extraído de *El Lucero* que considera que la altura exagerada de las peinetas es una irreverencia contra el culto católico, ya que la entrada de las damas con los tremendos castillos en la cabeza interrumpe y perturba a los fieles. A continuación *The British Packet* apunta otra crítica a la mujer porteña, cuando irónicamente dice que es una «suerte» que las mujeres no vayan al teatro como lo hacen en Inglaterra y E.U. pues obstruirían la visión. Paralelamente al problema de las peinetas, el periódico señala la indiferencia de la mujer por los espectáculos teatrales.

Rechaza también la profusión de flores artificiales en el pelo y sugiere solamente una.[17] En *The Spectator* muchos son los ensayos dedicados a criticar la excesiva ornamentación de la cabeza femenina. En el No 98 censura la moda de los peinados altos que también llama «Gothick Building» y aconseja simplicidad y sencillez: «Yo desearía que el bello sexo considere, que es imposible agregar otro ornamento a lo que es ya la obra maestra de la naturaleza.»[18]

No obstante esto, Love como la mayoría de los viajeros ingleses que llegaron al país, alaba el buen gusto y elegancia de la mujer porteña: «los extranjeros generalmente admiten que el traje de la mujer de Bs. As. es extremadamente grácil, y que el pelo en la cabeza descubierta, bellamente arreglado.»[19] En el No 348 desaprueba la moda de la mujer londinense y en contraposición comenta que la mujer de Bs. As. viste mejor.[20] En el No 434 alude a que las porteñas han adoptado el traje de montar inglés, pero que seguramente no se convertirán en meras imitadoras sino que prevalecerá el gusto y la elegancia características de ellas.[21]

En Argentina se registra con respecto a la moda de la mujer un proceso similar al ocurrido en Londres. Es el pasar de la altura desproporcionada de sus peinados, al ancho inconcebible de sus miriñaques. Addison se lamenta de que «la superficialidad de sus ornamentos, en vez de ser enteramente confinados, parece que ha descendido de la cabeza a las partes inferiores.»[22] En el mismo número al investigar las causas de «the Hoop-Petticoat» concluye que «está hecho para mantenernos a distancia» y que si la moda persiste, se deberán hacer «Streetroom» para permitir más espacio cuando las mujeres anden por las calles.[23]

En el año 1857 la misma moda se vive en Argentina y despierta similares comentarios por parte de los hombres. Se creará una «Anti-Dancing League» cuyos miembros rechazarán bailar con toda mujer, «que use esas absurdas faldas que mantienen a todos, con respecto a ella, a una distancia considerable.»[24] En 1858 todavía la moda en boga y las mismas quejas masculinas: «No podemos comprender la causa que induce a las damas de ahora, a levantar tal barrera alrededor de ellas que obliga a todos a guardar una distancia respetable, y mantiene a ellas como si estuvieran en estado de bloqueo.»[25]

En cuanto a las diversiones de la mujer, reprueba la actitud desvergonzada y de excesiva familiaridad que adoptan en el Carnaval: «Qué puede ser más desagradable que ver la figura femenina distorsionada y desfigurada por estos juegos sin sentidos.»[26] Más adelante reconoce que el Carnaval ha cambiado, pero se lamenta de que las damas sean todavía las más aficionadas.[27]

El baile moderno es otra diversión censurada: «Las costumbres modernas, han conducido la afición por esta habilidad a un extremo inmoderado.»[28] El baile significa para la mujer un acercarse a la tentación y alejarse de las virtudes. Un salón iluminado, la compañía, la música, «son aptos para transportar la mente un poco más allá del modo racional de agitación gentil.»[29] El paralelismo con *The Spectator* es evidente:

Y acerca del baile, hay que confesar que las grandes familiaridades entre los dos sexos en esta ocasión, pueden a veces producir consecuencias muy peligrosas; y he pensado frecuentemente que pocos corazones de mujeres están tan endurecidos como para no derretirse por el encanto de la música, la fuerza del movimiento, y un gentil joven que está continuamente moviéndose en frente de sus ojos, y convenciéndolas de que él usa perfectamente todos sus miembros.[30]

Como en *The Tatler* y *The Sepctator* se anima a la mujer a que conserve su honor, ya que ningún sacrificio será demasiado grande y nada imposible para reducir la inocencia y la honra.[31] Hace suyo un artículo del *New York Gazette* donde se alaba la paciencia en la mujer que sobrepasa o iguala a la de Job. Las tareas del hogar, la educación de los hijos, además de otros problemas la ponen constantemente a prueba.[32]

Frecuentemente el fino humor británico la hace el objeto de sus chanzas, que aluden a la excesiva preocupación por casarse,[33] y a la falta de habilidad para componer música o seguir una disquisición lógica.[34] En «Consolation for The Ladies. Leap Year», sugiere que las mujeres solteras de Bs. As. podrían tomar ventaja de un privilegio que se practicaba en el siglo XVII en Inglaterra cada año bisiesto. Consistía en la libertad de manifestar el amor mediante palabras o miradas que los hombres estaban obligados a aceptar.[35]

Con respecto a la situación de la mujer en la sociedad el periódico registra la confluencia de la ideología de Addison y Steele, con la más feminista de Mary Wollstonecraft. Esta autora también inglesa, amplía la ideología racional reformadora de aquéllos; en ella se da la tesis de que no hay una diferencia mental entre los sexos y que la mujer debe cultivar su razón para poder gobernarse a sí misma y ocupar los mismos lugares que el hombre en la sociedad. Su libro *A Vindication of the Rights of Woman* (1792), fue una verdadera revolución no sólo en Inglaterra sino fuera del país.[36] La influencia de esta autora en el movimiento feminista argentino decimonono, fue ya mencionada por Raúl H. Castagnino.[37]

En el periódico al comentar la situación de la mujer en España—para algunos objeto de diversión y de placer, para otros sujeta a la obediencia y sumisión en el hogar—se acota: «Una cierta hipocresía, fundada en un egoísmo concentrado, las excluye de la sociedad de los hombres, bajo la excusa de proteger su modestia.»[38] Más adelante transcribe los conceptos vertidos por George Wm Curtis en una conferencia dada en Bs. As.. Aquí se rastrea cómo la mujer ha sido condenada a las tareas del hogar y la aguja, y se insiste en la necesidad de que se equipare al hombre: «La cuestión mujer, o la cándida indagación si las mujeres deben tener la misma oportunidad en el mundo que los hombres, se ha convertido en una pregunta muy fuerte, y no debe ser pospuesta más tiempo por las tiendas y el dulce.»[39] Esta es la tesis de Mary Wollstonecraft, la mujer debe tener iguales posibilidades que el hombre y participar activamente en las tareas restringidas por la sociedad a él.

A otra tonalidad pertenecen los consejos dados a la mujer acerca de cómo elegir marido,[40] hacer té, contratar sirvientes, o abandonar una habitación en fuego. Paralelo a estos, hay otros relativos a higiene, al mejor modo de respirar para desarollar sus pulmones y de cuidar la belleza del cutis.[41]

B) *El hombre*

No son muchos los artículos dedicados a la moda en el hombre. En el titulado «The Fashions» critica el uso de la corbata por no ser saludable. Recibe bien el adelanto de dejar de lado los pantalones apretados y considera que el atuendo turco y de otras naciones del Este es el más agradable y sano,[42] luego alude a la moda francesa de usar largas barbas que ha pasado a Londres.

Los artículos sobre la educación de la juventud son más abundantes y profundos. Aparece nuevamente el «monitor of worthy living» dando consejos a los padres para evitar la pérdida de sus hijos, a causa de hábitos y actitudes malsanas al desarrollo del espíritu y del carácter. En «Rules for Home Education», se presentan dieciséis reglas especialmente dedicadas a aquellos progenitores que consideran suficiente la educación que los niños reciben en la escuela. Muchas de ellas elaboradas de acuerdo con la más moderna pedagogía.

> Desde la más temprana infancia de los hijos, inculcar la necesidad de obediencia inmediata . . . Unir firmeza y suavidad. Permitir que sus hijos comprendan siempre que sus palabras significan exactamente lo que dicen . . . Nunca de a sus hijos algo por lo cual lloran.[43]

En el artículo «For Parents. How to ruin a son», enumera las concesiones de los padres que contribuyen a la desorientación y pérdida del hijo.

> Permítale seguir su propio modo, concédale libre uso de dinero, acepte que el vagabundee por donde él quiera en el día de descanso, dele libre acceso a tabernas y malas com-

pañías, no le pida cuenta de sus noches, no le proporcione un trabajo fijo. Siga cualquiera de estos caminos y Ud. experimentará el más maravilloso alumbramiento—si Ud. no se lamenta—de un hijo pervertido y arruinado."

Es importante destacar que ningún otro periódico de la época se preocupa tanto de la formación de los hijos. Este aspecto fue tocado ampliamente por *The Spectator* y *The Tatler*, como ya se estudió. Steele también pensaba que la educación es un temprano entrenamiento, que los padres deben observar el temperamento e inclinaciones de la niñez y juventud y evitar darles vicios y frivolidades. Más de una vez los culpó de haber impartido indiscretamente los primeros rudimentos de educación.

En el No 1656 se transcribe un artículo de *Educational Times*, donde se ejemlifica cómo los hijos aprenden lo que es beneficioso o útil para los padres, cómo estos descuidan el desarrollo mental de aquéllos: «Ellos no entienden que sus hijos pueden por el estudio de ciertas materias, desarrollar un poder mental que puede benéficamente aplicarse a cualquier propósito.»[45]

The British Packet está consciente de la influencia que puede tener en un muchado las malas compañías, y en «Hints for Boys» detalla siete clases de relaciones que deben evitar. Los que ridiculizan a los padres y desobedecen sus órdenes, los adictos a mentir y robar, aquéllos que tienen una inclinación hacia la crueldad y atormentan animales, insectos o roban pájaros, «aquéllos que son profanos o tienen un lenguaje obsceno.»[46]

Dentro de los humorísticos «What a gentleman may do, and what he may not do», donde agudamente se burla de ciertas acciones de los hombres moralmente contradictorias: «Puede matar a un hombre en un duelo, pero no comer guisantes con cuchillo . . . Debe ser visto en un banco dentro del teatro, pero no en uno fuera de él.»[47] En «Good Sound Advice», el fino humor inglés les aconseja: «Nunca se sienten al lado de una mujer para cenar, porque ella sólo habla y no le importa comer.»[48]

C) *Actividades y diversiones en la ciudad*

Los muchachos lecheros han sido caracterizados más de una vez por la literatura de viajeros, a veces como algo insólito, otras, para destacar las condiciones precarias de salubridad con que repartían la leche. *The British Packet* alude a ellos para señalar el abandono de sus tareas, «comprometidos, sin duda, en el delicioso deporte de carnaval.»[49] En el No 290 del 10 de marzo de 1832, da como noticia interesante la sorpresa de los extranjeros al ver a los mendigos pedir a caballo. Efectivamente más tarde en 1843, cuando los hermanos Robertson publican *Letters on South America*, aludirán a estos mendigos de «alta escuela» que iban a caballo.

Los artículos detractores del «turbulento y rudo» juego del Carnaval, se repiten matemáticamente a lo largo de 18 años hasta febrero de 1844, cuando durante el gobierno a Rosas queda abolido el juego.[50] En estos artículos aparecen los detalles del juego con agua, «incivilizada campaña que consiste en arrojar 'plastered egg shells' llenos de agua sobre los paseantes.»[51] La fiesta duraba tres días y aunque oficialmente se iniciaba el sábado, el viernes a la noche algunos muchachos negros empezaban. Para los ingleses tan alejados de este tipo de diversión la llegada del martes, que era cuando finalizaba, significaba el retornar a la normalidad y descanso.

Quizás sea interesante detenerme en el No 915 del 2 de marzo de 1844, donde se publica el decreto de Rosas aboliendo el Carnaval. A continuación alaba la «sabia» actitud del gobernador, que trató previamente por el decreto del 8 de julio de 1836 de reducir las horas de juego hasta llegar a una total cesación y acota que: «Para efectuar una reforma es necesario proceder con gran cuidado y prudencia; porque no es por la intervención de la fuerza física, que hábitos que se han como entretejidos con el carácter nacional, deben ser corregidos efectivamente.»[52] Dejando de lado que el periódico es rosista—según explica Love como agradecimiento hacia la actitud de Rosas con sus compatriotas en el país—importa destacar qué pensaba Love acerca de una reforma de un hábito consustanciado con el carácter de la nación. La reflexión transcripta responde al tono «cauto» y «prudente» que Love imprime al periódico.

Con respecto a las corridas de toros en Barracas, detalla la cantidad de toros muertos y la asistencia de público. Lo califica de «ungenerous sport», nos enteramos de que todavía en 1833 se hacían corridas de toros, aunque la asistencia de las damas disminuía.[53] En 1857 en el artículo «A Bull Ring» se comenta:

> Increíble como puede sonar a oídos europeos, el proyecto de una plaza de toros es una vez más bajo la consideración de nuestra Cámara Legislativa . . . ¿Rivadavia apoyó o recomendó tal medida? Sin duda su inauguración será al mismo día que la Escuela Normal, y el mismo discurso puede servir para ambas.[54]

Como se observa la ironía es fuerte y directa, esgrimida por el periódico para atacar diversiones que van en contra del progreso y de elementales principios humanos.

Constantemente hay breves referencias a los paseos públicos, La Alameda, La Retreta, a la gente que asistía, y a los baños en el río durante el verano. Para finalizar mencionaré cuál es la opinión del periódico acerca de la costumbre de los bailes en las casas de familias: «Es de desear que en lo concerniente al baile, el placer y el trabajo estén mejor combinados, que en estas diversiones se prevenga más frecuentemente la exhaustación sentida al día siguiente, por haber danzado toda la noche.»[55] La constante actitud de consejero advierte que se debe equilibrar el placer con el trabajo y evitar que por causa de una diversión se resienta la actividad del día siguiente. El periódico resulta entonces un verdadero manual de instrucción agradable y útil, que combina felizmente—como Addison y Steele—el humor y la moralidad.

3— LA ARGENTINA

Este periódico sorprende por reproducir la ideología de *The Spectator* con respecto a, la necesidad de que el hombre soltero se case, la defensa del matrimonio y la exaltación de las virtudes pasivas del sexo femenino.

La Argentina sale el 31 de octubre de 1830 y desaparece el 17 de julio de 1831.[56] En total son 30 números semanales con 16 páginas in 8°, 24 del libro primero y 6 del segundo. Es de destacar el tamaño que es nuevo en el país, como así se aclara en la Introducción: «su forma es nueva de modo que pueda llevarse en el ridículo.» Esto la vincula a la primera edición de *The Spectator* y a *El Pensador*, ambos en 8°.

La redacción estuvo a cargo de Manuel Irigoyen. Se edita primero en la Imprenta Republicana hasta el No 4 del libro segundo, que pasa a la Imprenta del Estado.

Un elemento insólito es que se declara estar escrito por mujeres. El antecedente de la mujer periodista es Jenny, la hermana de Isaac Bickerstaff, quien a partir del No 10 de *The Tatler* reemplaza a su hermano en la redacción de algunos números, para hablar acerca de su propio sexo.

En el No 1 se expone el motivo y propósito del periódico:

> Causará novedad una muger de periodista, pero ha llegado el caso de ensayar, si tenemos influjo. Los hombres están

estraviados en su mayor parte y es preciso traerlos a la razón. Los criticones serán moderados en su censura. Nosotros hablaremos de todo en general sin agraviar a nadie en particular. La República Argentna es nuestro país, y sentimos los males de todos. Criticaremos lo que a nuestro juicio merezca censura.⁵⁷

Esta Introducción encuadra a *La Argentina* dentro del periódico costumbrista en dos aspectos: a) crítica de todo lo que sea objeto de censura, b) la crítica no va dirigida a alguien en particular, declaración común a todos los escritores costumbristas.

Hay un párrafo de la Introducción que analizaré más detenidamente por representar el espíritu del periódico y estar inspirado en *The Spectator*: «Los hombres están extraviados en su mayor parte y es preciso traerlos a la razón.» Son las mujeres con su dulzura y moderación, las encargadas de reconciliar a los hombres perdidos por el fervor de partidos, que acrecienta los rencores y animosidades. Esto queda mejor explicitado en el No 3 (14 de noviembre de 1830), cuando se recuerda que el ánimo del periódico es la moderación e imparcialidad. Para ejemplificar se transcribe parte del ensayo No 81 de *The Spectator* donde Addison comenta la actitud que algunas mujeres inglesas adoptan, al discutir frenéticamente sobre política.⁵⁸ Esto—dice Addison—«sólo sirve para agravar los rencores y animosidades que reinan entre los hombres, y en gran parte priva al bello sexo de esos encantos peculiares con que la naturaleza lo ha dotado.»⁵⁹ *La Argentina* hace suyas las palabras de Addison y recomienda lo mismo: «El espíritu de partido, es un vicio enteramente del hombre, compuesto de pasiones exaltadas, sobremanera repugnante a la dulzura y modestia natural de la mujer.»⁶⁰ Obsérvese como se hace hincapié en las dos virtudes de la mujer «dulzura» y «modestia», tantas veces alabadas por Addison y Steele.

La Argentina periódico escrito por mujeres, debe evitar caer en la exaltación política de los hombres y realizar con las mujeres del país una cruzada de paz y moderación. Es importante mencionar que todavía estaba cerca la revolución de diciembre de 1828 y su fatal desenlace. El periódico en gran parte es una crítica a la insurrección militar de los unitarios. Está dentro de la ideología federal, aunque más de una vez la intención es que la paz y la tranquilidad retornen al país.

Se mezclan los avatares políticos con los elementos costumbristas, aunque hay un mayor predominio de estos. El periódico carece de avisos comerciales y lo noticioso ha quedado reducido a humorísticos y ligeros comentarios. El tono general es de chanza y broma, es la óptica total presente en todos los números. Cuando *The British Packet* del 6 de noviembre de 1830 duda si el periódico está escrito por mujeres, *La Argentina* contesta:

sin salir este inglés de la calle 25 de Mayo, ¿cómo quiere saberlo todo?. No admita pues la duda, y si tiene noticias de algunas modas nuevas, comuníquelas. No se vaya a enojar por esto, no entendemos el inglés, pero las porteñas somos muy apasionadas de los ingleses, porque son buenos amigos de nuestra patria.[61]

A) *Concepto y situación de la mujer*

El concepto de la mujer responde a lo que Pericles dijo a las mujeres según el ensayo No 81 de *The Spectator*, y que el periódico reproduce: «Aspirad solamente a las virtudes que son anexas a vuestro sexo: seguid vuestra natural modestia, y creed que vuestra gran recomendación es que de ningún modo hablen de vosotras.»[62] Este ideario se conecta fácilmente con la concepción cristiana de la mujer y en *La Argentina* así se da. Permite ser desglosado en tres rubros que Pericles menciona: a) virtudes anexas al sexo, b) modestia, c) cuidado de la opinión ajena.

a) Virtudes anexas al sexo: en primer lugar, la dulzura que a veces se convierte en un sufrimiento resignado. La Porteña, una corresponsal, envía una carta a *La Argentina* donde le cuenta el profundo enojo que le produjeron las palabras de un unitario que desmerecía el periódico por estar escrito por mujeres, y la brusca reacción que su amiga y ella tuvieron ante tal atropello a la mujer. *La Argentina* responde que está persuadida de que si lo hubieran tratado con dulzura, hubiera advertido los hechos, además «las damas hemos nacido para sufrir mucho, y debemos ensayar siempre el vencernos.»[63]

Otra virtud mentada una y otra vez, es la paciencia. La mujer en el hogar debe encargarse de las tareas domésticas y del cuidado de los hijos, aunado a esto, cuando el marido tiene el «estérico» está de maldito humor en la casa, mientras afuera es muy complaciente.[64] Al lado de esta observación está la crítica a los hombres que reservan su mal humor y mal modo para el hogar. Lo vuelve a decir en el No 16, «porque a la verdad cargar con un marido que todo el día esté gritando, o que salga por la mañana, venga al medio día, y apenas come, se va a la calle.»[65] Esta situación la comenta Steele en los Nos. 178, 236 y 438 de *The Spectator* y los conceptos vertidos son semejantes:

Qué pone al hombre de mal humor en compañía de su esposa, cuando es tan distinguidamente agradable en cualquier otro lugar.[66] Es asombroso observar cómo fácilmente los hombres adquieren el hábito de ser menos agradables, con quien más están obligados.[67]

En «Consejos importantes» para brillar en la sociedad dirigidos a las mujeres,[68] y en «Importancia de la mujeres» da una serie de advertencias.[69] Ser benevolente, amable y simple, no demostrar ansiedad por examinar todas las cosas, marchar con paso grave y con cierta timidez.

b) En cuanto a la modestia, recomienda la discreción como antes lo hicieron Addison y Steele. Menciona que los hombres se ofenden ante la mujer que pretende figurar como literata.[70]

c) El concenso de la opinión pública, está circunscripto al comportamiento de la mujer en el amor: «El amor es la historia de la vida de las mugeres, su reputación, su honor, su estimación todo depende de la conducta que observamos a este respecto.»[71]

En «Necesidad del amor en el Matrimonio» dice, «El cristianismo ha sacado a las mugeres de un estado de esclavitud,» ya que proclama la igualdad del hombre y de la mujer.[72] Es por esto que el matrimonio «sociedad santa» no debe ser profanado, la moralidad es el origen de la felicidad. En el número siguiente continúa con el mismo tema. Hay una apología del matrimonio erigido sobre el amor y el respeto mutuo; defiende la situación de la mujer y trata de «convencer a los maridos que por su propio interés deben cada día ser más finos enamorados de sus mugeres.»[73] La defensa del matrimonio fue una constante en Addison y Steele:

> El matrimonio prolonga las escenas de nuestra felicidad y miserias . . . El matrimonio feliz tiene en él todos los placeres de una amistad, todos los goces de los sentimientos y la razón, y por cierto, todas las dulzuras de la vida. Nada tiene tanta marca de degeneración y de edad viciada como la ridiculez común de pasar por este estado de la vida.[74]

La mujer es el ser capaz de experimentar sentimientos más altruistas y nobles que el hombre,[75] de pensar que su «felicidad está en las prosperidades del otro.»[76]

Con respecto a la moda, aparece en todos los números bajo el título *Modas* una detallada descripción del atuendo que usarán *La*

Argentina y otras mujeres para tal o cual paseo o evento. A diferencia de *The British Packet*, aquí hay un moroso detenerse en todos los elementos que componen el atuendo femenino y una preocupación de presentar en cada número un modelo diferente. Resulta interesante para rastrear la vestimenta de la mujer en esa época, en este aspecto se adelanta a *La Moda* de Alberdi.

Las críticas a la excesiva altura y costo de las peinetas, surgen frecuentemente. Hay al respecto bromas e ironías, como la queja que presenta la corresponsal La Porteña, que hay algunos «oficiosos» que se dedican a arrebatar las peinetas, con lo que cuesta que el marido de 100 o 200 pesos para compararlas.[77] Otras veces aparecen versos satíricos como «Pérdida y hallazgo de una peineta», donde una bella que perdió la suya ofreció como recompensa dos mil besos y las consecuencias que tuvo tal retribución.[78] Como *The British Packet* rechaza la moda del peinado cubierto de flores y plumas y aconseja la sencillez en el vestir.

La sátira a los inmoderados gastos que algunas mujeres realizan en vestidos y en el ajuar de matrimonio, es ejecutada por corresponsales masculinos como argumento de defensa ante la campaña que *La Argentina* hace en contra del soltero.[79]

Parecería participar en parte, en la corriente liberal de emancipación de la mujer de las tareas del hogar, ya que severamente rechaza las palabras de un unitario, «desengañémonos madamas, las mugeres, la aguja, la batea, o un convento.»[80] También cuando «El Dios Marte» le envía una carta acerca de la necesidad de atender a la educación de las niñas. Que en vez de tanto francés «aprenda a cuidar una casa, educar bien a sus hijos, dar buen ejemplo a su familia, que todo lo demás es peta.»[81] Ante esto las editoras se niegan a contestar «tanta grosería.»

Entiende que la ociosidad «mal que corrompe las costumbres» es la causa de muchas de las insuficiencias de la mujer.[82] Los hombres que ocupan en la sociedad los lugares más destacados, condenados a la ociosidad caerían en la servidumbre más baja.[83]

B) *El hombre*

La campaña que el periódico hace a través de doce artículos—«El hombre gana en casarse»—responde a *The Spectator* y a una corriente de la época tan combativamente defendida por el padre franciscano Castañeda. Él sostuvo también que «ser soltero es ser haragán» y los motivos de su renuncia a una diputación se fundamentaron en la imposibilidad de alternar con hombres solteros, a quienes no les

reconocía «derecho alguno.»[84]
El periódico reproduce esta teoría de identificar al hombre soltero con la ociosidad: «El hombre casado es un buen patriota, el soltero un vagabundo.»[85] El soltero tiene en la sociedad un triste papel «al contrario comparese a un padre de familia, todas las clases lo respetan.»[86] La teoría llega al extremo de recomendar un castigo del estado, «los solteros deben casarse o sufrir las cargas del Estado; bastante tiempo han sido holgazanes perjudiciales al país.»[87]
Gran parte de este ideario pertenece a *The Spectator*. Como se vio antes, Addison y Steele al hacer la apología del matrimonio combaten ardientemente el celibato. Ejemplifican esta ideología con la actitud adoptada por Augusto cuando al regresar a Roma al final de una guerra, recibió las quejas de que gran número de ciudadanos estaban solteros. El emperador reunió al público y se dirigió a los célibes:

> el curso de sus vidas tiene consecuencias muy perniciosas para la gloria y grandeza de la Nación Romana. Por esto ellos son culpables de asesinato . . . de impiedad . . . de sacrilegio . . . En consecuencia, ellos disuelven el gobierno desobedeciendo sus leyes, traicionan su país, haciéndolo estéril y yermo; y demuelen su ciudad, despojándola de sus habitantes.[88]

A partir de esto se suceden en *The Spectator* artículos atacando el celibato.

> El caso de celibato es el gran mal de nuestra Nación; y la propensión a esta viciosa conducta de los hombres en este estado, y la ridiculez a que las mujeres son expuestas, siendo tan virtuosas aunque no casadas, es la raíz de las grandes irregularidades de esta Nación.[89]

El matrimonio proporciona deleites «desconocidos al soltero» y es «una infinita fuente de nuevas gratificaciones.»[90]
Son muchas las cartas que *La Argentina* recibe de hombres solteros—«Un empleado soltero», «Un oficial de Secretaría»—donde enumeran las dificultades de la vida matrimonial y las cargas económicas difíciles de sostener. *La Argentina* arguye que «No hay estado en la vida que no tenga sus sinsabores, y en manos de los hombres está evitar muchos de los que se sienten entre los esposos.»[91] El hombre puede modificar el orden moral y si éste aparece incompleto es por la imperfección del ser: «Todo se resiente a nuestro alrededor de la imperfección de nuestras facultades.»[92]

Dentro de este orden moral, es necesario vigilar la educación de la juventud. Alude aquí sólo a los jóvenes y no hay ninguna referencia a la mujer. Se vislumbra el enfrentamiento de la vieja generación y la nueva cuando considera que la educación de la juventud se ha desvirtuado. Los jóvenes a los quince años se creen hombres formados, instruidos y muy soberbios, ingratos al no retribuir lo que reciben.[93] Les aconseja que respeten a los mayores, quienes por su mayor experiencia les pueden servir de váculo, que dejen de aparentar un gran mundo que sólo se adquiere con el estudio profundo y los años.[94] Es además partidaria de que los preceptores de escuelas hagan amar la ciencia y que se enseñe un arte.[95] Se pronuncia en contra de los padres y educadores que tratan con dureza a la juventud.

Los defectos más censurados son la ociosidad, la envidia y la murmuración, éste último común al hombre y la mujer: «Este vicio detestable lo hacen recaer los hombres sobre las mugeres, pero es porque ellos no quieren confesar que son los más temibles.»[96]

Con respecto a los celosos, admite que «con moderación y finura son un pasatiempo entretenido, pero con torpeza son un tormento insufrible.»[97] Nuevamente son las mujeres las encargadas de docilizar al celoso, y lograr que dejen de lado sus malos humores y aprendan a vivir sumisos respetando a la esposa. El consejo es el mismo que da Addison a las mujeres: «Otras faltas ciertamente no están bajo la jurisdicción de la esposa, y podrían escapar de su reparo, pero los celos particularmente la requieren para su cura, y merecen todo su arte y esfuerzo.»[98]

La crítica sigue al hombre hasta en su comportamiento en el teatro. *La Argentina* protesta porque los hombres ocupan los palcos y llenan de humo el teatro, sugiere que se vayan a las lunetas o al patio.[99]

C) *Urbanismo*

Son muchas las reglas de buena conducta, modales y de principios morales que *La Argentina* propone. Le preocupa el proceder del ser humano en la conversación, cuatro son los números que bajo el título de «Reglas generales para la conversación», exponen los principios a seguir para que sea más placentera.[100] Aconseja la prudencia y delicadeza propias de la buena educación, no hablar a destiempo o interrumpir. «Agradar a los otros, procurando al mismo tiempo participar de la alegría común y sacar alguna instrucción de todo.»[101] Oír con paciencia y responder con precisión y modestia, no opinar sobre lo desconocido. Evitar atraer la atención de todos, hablando sólo de sí mismo, ya que «el arengar a una tertulia es insoportable.»[102] No hablar en una lengua que los demás no conocen, no alabar a alguien cuando está presente y criticarlo cuando está ausente. En el No 10 da una especie de catecismo de buena conducta.[103] En primer lugar ser honrado y buen patriota. A los médicos aconseja auxiliar a la gente cuando son llamados, y bajar el precio de la consulta. A los sacerdotes «enseñar la doctrina, predicar la buena moral: principalmente dar buen ejemplo,»[104] no poner precio fijo a las misas y recibir lo que se da como limosna. A los comerciantes ser menos usureros, a los militares subordinación en el cuartel, a los empleados de comercio cumplir las órdenes del gobierno. Termina sentenciosamente exhortando la «exactitud y honradez en todas las cosas... Los hombre deben ser formales y no chuchumecos. Basta ya de desórdenes, sacarse el aire de que están llenas las cabezas, y dedicarse cada uno al cumplimiento de sus deberes.»[105]

D) *Diversiones y paseos en la ciudad*

El constante ataque al Carnaval que rastreé en *The British Packet,* aquí no se observa. Hay una actitud menos firme, mientras en el No 15 no está de acuerdo con que se suprima totalmente y propone reducir el juego con agua a un solo día, en el No 16 la posición cambia radicalmente.[106] Sigue aquí a *The British Packet,* señaliza los abusos y desmanes del juego. Hay un anhelo del pasado donde el juego se confinaba al interior de las casas de familias entre personas conocidas.[107]
Como *The British Packet,* esta vez a través de unos versos satíricos, patentiza el desvergonzado comportamiento de la mujer en el Carnaval y la contradicción de esta actitud con la tenida durante todo el año: «¿Quién podrá concebir tanta demencia / Que en tres días así puedan ajarse / La belleza, el pudor y la decencia?»[108].
En el No 17 está de acuerdo con las medidas adoptadas por el gobierno, el Carnaval ese año ha terminado sin dejar el saldo de desgracias que ocurrían antes. Con todo acota que «es preciso respetar sus costumbres, modificarlas si necesitan, pero nunca abolirlas, porque ellas jamás dejarán de ser moderadas.»[109] Obsérvese que estas palabras de no interrumpir drásticamente una costumbre, de cambiar paulatinamente una actitud consustanciada con el carácter del pueblo, fueron dichas en 1831 y se adelantan a las *The British Packet* emitidas en 1844.
Dentro de la ideología cristiana, que considera el domingo día de descanso, *La Argentina* ataca a los hombres que no lo respetan.[110] Hay continuas referencias al paseo de La Alameda, y a la gente que

asistía. Aconseja una mayor limpieza del mismo y que se eviten escenas desagradables, como la del apedreo de un negro por muchachos (No 13, 23 de enero de 1831).

En los números 4 y 5 del libro segundo, se intercalan interesantes comentarios que historian el nombre de las calles de Buenos Aires. Entre ellas la calle de la Paz, de la Catedral y Florida, ésta última en homenaje a la victoria obtenida en el valle de la Florida con los soldados de Lima.

Es el único periódico consultado que registra los baños nocturnos en el río. Sugiere que los hombres y muchachos no deberían bañarse más tarde de las 10 de la noche.[111]

La Argentina a través de su corta vida, se convierte también en «counsel of manners» para el pueblo. Su propósito de lograr el equilibrio y la paz entre los hombres, se cumple con consejos que regulan el orden público y rechazan todo aquello que va en contra de la moral y la religión. Imita más fielmente a *The Spectator* que *The British Packet* en los temas señalados, pero carece del equilibrio de éste.

4— DIARIO DE LA TARDE COMERCIAL, POLITICO Y LITERARIO

Aparece el 16 de mayo de 1831 y muere el 22 de abril de 1852, cuando se transforma bajo la dirección de Dalmacio Vélez Sarsfield en *El Nacional*. Se publicaba diariamente, en total fueron 6176 números de paginación irregular in 2°. Generalmente tenía dos páginas, la segunda ocupada casi completamente por avisos comerciales. Los redactores fueron Pedro Ponce, Simón Méndez, Lázaro Almada y Cayetano Casanova.

El periódico es esencialmente noticioso, documentos oficiales, información del país y del extranjero. Acompaña a Rosas en todo el período gubernativo. Informa sobre el estado de los hospitales, despacho de aduanas, salida y entrada de barcos de pasajeros y de cargas. Más que literario el periódico es comercial. Bajo el rubro de «Avisos Nuevos» se alternan los avisos comerciales, los de venta de esclavos, ofrecimientos de objetos y de remate. Los avisos aparecen indistintamente en español, inglés y francés.

Dedica bastantes números a la publicación de obras literarias francesas y españolas, entre ellas *Los tres mosqueteros, El collar de la reina* y *Veinte años después* de Alejandro Dumas.

En cuanto al artículo costumbrista, no hay producciones propias, se limita esencialmente a la reproducción de artículos de revistas y de autores españoles. Sólo hay dos excepciones, «Las mugeres oradoras» No 3366 y «La galería de pinturas» No 3368, que son traducciones de los Nos. 247 y 83 de *The Spectator*.[112] El periódico responde al costumbrismo español de Mesonero Romanos y Estébanez Calderón. Hay once artículos de Mesonero extraídos del *Semanario Pintoresco* y de otras obras de él.[113] De Larra sólo hay cuatro,[114] los restantes son de Estébanez Calderón, Fray Gerundio y anónimos, sacados de las revistas *Repertorio, Revista Española* y *El Nacional*. En consecuencia el artículo costumbrista pertenece a la modalidad descriptiva-pintoresquista-moral. En general el espíritu del periódico corresponde al módulo español, tradicional, cristiano. Por no tener producciones propias sino la mayoría tomadas de otras periódicos, no da cabida a un análisis exhaustivo.

La ideología filosófica-religiosa queda expuesta en la reproducción completa del estudio de Donoso Cortés acerca de *El Clasicismo y el Romanticismo*.[115]

La actitud acerca de la mujer está por supuesto dentro del ideario tradicional. La mujer reservada a las tareas del hogar, a su administración y economía, «cuantas cualidades apreciables realcen al bello sexo deben ser subalternas al gran mérito de las virtudes domésticas.»[116] Estas palabras son semejantes a las de Addison y Steele: «Las virtudes femeninas se dan dentro del ámbito doméstico. La familia es el medio apropiado para que las damas se destaquen.»[117]

Como lo hicieron los ensayistas ingleses, el periódico también enfatiza la «virtud» y «la discreción» que atraerán el respeto y la admiración de todos. Repite las palabras de Clavijo y Fajardo cuando alude a la excesiva preocupación de la mujer por la belleza física: «Los adornos del cuerpo han robado a Uds. siempre toda la atención. ¿Y los del espíritu?. Se han tratado con pereza y con descuido, o se han quedado del todo olvidados.»[118] Como éste condena la locuacidad sin instrucción en la mujer.[119] Señala la importancia de ella en la sociedad, ya que «Los hombres hacen las leyes y las mugeres forman las costumbres,» luego la corrección de las costumbres está en gran parte en sus manos.[120]

Las modas alternan o invierten las costumbres: «Se debe limitar por lo tanto a vestir con decoro, decencia y en armonía con los medios de fortuna con que se puede disponer, sin gravar los bienes agenos y dilapidar los suyos propios.»[121] Advierte a las señoras sobre los perjuicios para la vista del velo sobre el rostro.[122] Bajo el título de «Mejora de las mugeres», cáusticamente informa que las norteamericanas han renunciado a las faldas y visten mamelucos y turbantes, profundo desacuerdo ante tal innovación.[123]

En los números 5400 y 5402 se hace una alabanza a la educación, inteligencia y buen gusto de la mujer argentina. La mujer capaz no solamente de realizar las tareas del hogar, sino también de mantener una conversación interesante sobre arte, literatura y de expresarse en una lengua extranjera.[124] A diferencia de los periódicos analizados, aquí sólo hay un artículo del Paseo de la Recoleta y del público, destaca la presencia de Manuelita Rosas.[125] El Carnaval sólo tiene dos artículos, uno donde se transcribe íntegro el decreto de Rosas aboliéndolo[126] y el otro, en que se alaba al gobernador por haber extirpado esa costumbre.[127] En el No 5021 se anuncia una sección de crítica teatral que tendrá por objeto estimular a los actores y no insultarlos torpemente. Tan buenos propósitos sólo producen dos comentarios. Se censura la falta de lectura,[128] y se insiste en la necesidad de la educación.[129] Hay también consejos prácticos como el modo de quitar manchas, hacer carmín, barnizar mapas.[130]

La influencia de Addison y Steele no es directa, son sus conceptos que han pasado a la literatura española. El periódico los bebe de esta fuente, ya que esencialmente se transcriben artículos y comentarios de revistas y periódicos españoles.

NOTAS

1. Samuel Haigh, *Bosquejos de Buenos Aires, Chile y Perú* (Bs. As.: Biblioteca de la Nación, 1918), 16.
2. José Luis Busaniche, *Historia Argentina* (Bs. As.: Hachette, 1973), 288.
3. J.A. Beaumont, *Viajes por Buenos Aires, Entre Ríos y la Banda Oriental 1826-1827* (Bs. As.: Hachette, 1957).
4. J.P. y G.P. Robertson, *Cartas de Sud América*, trad. J.L. Busaniche, 3 vols. (Bs. As.: Emecé, 1950).
5. Juan Carlos Ghiano, *El Matadero de Echeverría y El Costumbrismo* (Bs. As.: Centro Editor de América Latina, 1968), 47. Osvaldo Alvarez Guerrero, «Larra e Hispanoamérica. Generación de 1837», *Revista de Occidente*, 16-17 (mayo 1967), 231-238, «Pero cabe insistir en que la influencia de Larra sobre esta generación tan importante en la historia argentina, fue fundamental, directa y precisa», 237. Rafael Alberto Arrieta, *La literatura argentina y sus vínculos con España* (Bs. As.: Institución Cultural Argentina, 1948), «los proscriptos de la tiranía limitaban casi exclusivamente a Larra y Espronceda su admiración fraterna», 97.
6. *The British Packet and Argentine News*, Bs. As., agosto 1826-junio 1857.
7. Alexander Brander, redactor y Peter Gautier's Printing Office, no se mencionan en los informes y estudios existentes sobre el periódico; Brander aparece en el No 287, 18 de febrero de 1832, como editor responsable; Peter Gautier's Printing Office, es la última imprenta del periódico a partir del No 1636.
8. «As a public writer Mr. Love had rendered himself obnoxious to the obloquy of prejudice, the gibes and taunts of malignity, no less than the aspersions of ignorance:

but he ever retained among the foreign population the sincere esteem of every man of correct feeling and upright principle. His opinions where the expression of his honest convictions, and those convictions the result of experience and diligent inquiry.» No 1007, Dec. 6, 1845.

9. Paul Groussac, *Estudios de Historia Argentina* (Bs. As.: Méndez, 1918), 234.

10. En el No 146, May 23, 1829, *The British Packet* encabeza así la publicación: «El presente número de *The British Packet* estaba listo para la prensa en el día de la fecha, pero no fue publicado como consecuencia de una orden del gobierno, suspendiendo la publicación del periódico.»

11. «It will serve to keep the account correct and bring up the lee way, which the *British Packet* has been forced to make. We have not, like our contemporaries, an abundance of hands to let go, and take in, all at once, nor a patent cylinder, or steam press, to help us through the water, but must be content to 'jog on' quite satisfied, if at any time the old proverb should in our case be verified: 'slow and sure, in time gets on'.» No 147, June 13, 1829.

12. «party spirit, personality, and religious controversy, will be carefully excluded from our pages.» No 1, Aug. 4, 1826.

13. «posseses the sublest secret of the diplomatist and the statesman.» No 324, Nov. 3, 1832.

14. «Such also, who from Facility of Temper, and too much Obsequiousness, are vitious against their will, and follow Leaders whom they do not approve, for Want of Courage to go their own Way, are capable Persons for this Superintendency. Those who are loth to grow old, or would do any thing contrary to the Course and Order of Things out of Fondness to be in Fashion, are proper Candidates.» *The Spectator*, IV, No 478, 196.

15. *The British Packet*, Nos. 290, 342, 356, 538.

16. No 356, June 15, 1833.

17. No 290, March 10, 1832.

18. «I would desire the fair Sex to consider, how impossible it is for them to add anything that can be ornamental to what is already the Masterpiece of Nature.» *The Spectator*, I, No 98, 415.

19. «strangers generally allow that the «trage» of a Buenos Ayrean lady is extremely graceful, the head uncovered, the hair so beautifully arranged.» *The British Packet,*, No 290, March 10, 1832.

20. No 348, Ap. 20, 1833.

21. No 434, Dec. 13, 1834.

22. «their superfluity of Ornaments, instead of being entirely Banished, seems only fallen from their Heads upon their lower Parts.» *The Spectator*, II, No 127, 5.

23. ibid., 6-7.

24. «who wears these preposterous skirts which incommode every body about her a considerable distance.» *The British Packet*, «A Cure for Crinoline», No 1600, Jun. 20, 1857.

25. «We cannot understand the cause which induces the ladies of the present day to raise up such a barrier around them as to compel every body to keep at a respectful distance, and to keep themselves in, as it were, a state of blockade.» «A good dressing for the ladies», No 1629, Jan. 9, 1858.

26. «What can be more unpleasing than to see the female form distorted and disfigured by these senseless games?.» No 340, Feb. 23, 1833.

27. No 391, Feb. 15, 1834; No 603, March 10, 1838.

28. «Modern manners, however, have carried the fondness for this accomplishment to an immoderate extreme.» «The Ladies' Friend», No 324, Nov. 3, 1832.

29 «are apt to transport the mind a little beyond the rational medium of genteel agitation.» No 324, Nov. 3, 1832; también en 1600, June 20, 1857.

30. «As for Country Dancing, it must indeed be confessed that the great Familiarities between the two Sexes on this Occasion may sometimes produce very dangerous Conse-

quences; and I have often thought that few Ladies Hearts are to obdurate as not be melted by the Charms of Music, the Force of Motion, and a handsome young Fellow who is continually playing before their Eyes, and convincing them that he has the perfect Use of all his Limbs.» *The Spectator*, I, No 67, 287.

31. *The British Packet*, «Women», No 324, Nov. 3, 1832.
32. «Woman's Patience», No 1277, Feb. 22, 1851.
33. «Caught in His Own Trap», No 1313, Dec. 13, 1851; «Old Maids-Bachelors-Marriage», No 1006, Nov. 29, 1845.
34. No 799, Dec. 11, 1841.
35. No 298, May 5, 1832.
36. Mary Wollstonecraft, *A Vindication of The Rights of Woman* (New York: Norton, 1975).
37. Raúl H. Castagnino, Milicia Literaria de Mayo (Bs. As.: Nova, 1960), cap. V, 79.
38. «A certain hypocrisy, founded on a concentrated selfishness, excludes them from the society of men, under the plea of sparing their modesty.» *The British Packet*, «Woman in Spain», No 769, May 15, 1841.
39. «The Woman question, or the candid inquiry whether women are to have the same chance in the world as men, has become a very robust question, and is not to be put off with shops and sugar much longer.» «Fair Play for Women», No 1651, June 12, 1858.
40. «Old Maids-Bachelors-Marriage», No 1006, Nov. 29, 1845.
41. Nos. 1620, 1409, 1427, 1307, 1666.
42. No 348, Ap. 20, 1833.
43. «From your children's earliest infancy, inculcate the necessity of instant obedience. . . . Unite firmness with gentleness. Let your children always understand that you mean exactly what you say. . . . Never give your children anything because they cry for it.» No 1325, March 13, 1852.
44. «Let him have his own way, allow him free use of money, suffer him to rove where he pleases on the Sabbath day, give him free access to taverns and idle companions, call him to no account for his evenings, furnish him with no stated employment. Pursue any of these ways, and you will experience a most marvellous deliverance if you have not to mourn over a debased and ruined child.» No 945, Sep. 28, 1844.
45. «They do not understand that their children can, by the study of certain subjects, gain an amount of mental power which can be beneficially applied to any purpose.» «Education», No 1656, July 17, 1858.
46. No 1439, May 20, 1854.
47. No 1129, Ap. 15, 1848.
48. «Never sit next to a young lady at dinner, for she only talks, and does not care about eating.» No 1383, Ap. 23, 1853.
49. No 290, March 10, 1832.
50. Nos. 290, 339, 340, 391, 447, 496, 758, 808, 914, 915.
51. No 290, March 10, 1832.
52. «To effect a reformation it is necessary to proceed with the greatest caution and prudence; for it is not by the agency of physical force, that habits which have become interwoven as it were with the national character, are to be effectually corrected.» No 1007, Dec. 6, 1845.
53. No 333, Jan. 5, 1833; No 335, Jan. 19, 1833.
54. «Incredible as it may sound to European ears, the project of a Bull Ring is once more under the consideration of our Legislative Chamber. . . Did Rivadavia countenance or recommend such a measure?. By all means have its inauguration on the same day as the Normal School, that the same speech may serve for both.» «A Bull Ring», No 1614, Sep. 26, 1857.
55. «It is, however, to be whished as it regards dancing, that pleasure and business were more combined, that these amusements had more frequency to prevent the ex-

haustation felt on the following day from dancing all night.» No 324, Nov. 3, 1832.
56. *La Argentina*, Bs. As., 31 de octubre de 1830 a 17 de julio de 1831 (Biblioteca Nacional de Bs. As., faltan los Nos. 9, 19, 21, 22, 23).
57. I, No 1, 2.
58. *The Spectator*, I, No 81, 118-120.
59. *La Argentina*, I, No 3, 12, traducción del No 81 de *The Spectator*.
60. ibid., 11.
61. I, No 3, 7.
62. ibid., 15.
63. I, No 2, 14.
64. I, No 5, 14.
65. I, No 16, 12.
66. «What but this can put a Man out of Humour in his Wife's Company, tho' he is so distinguishingly pleasant every where else?.» *The Spectator*, II, No 236, 418.
67. «It is wonderful to observe . . . how easily Men get into an Habit of being least agreeable where they are most obliged to be so.» *The Spectator*, II, No 178, 203.
68. *La Argentina*, I, No 14, 9-11.
69. I, No 15, 3-5.
70. I, No 14, 9-11.
71. I, No 24, 9.
72. I, No 17, 9.
73. I, No 18, 11.
74. «Marriage enlarges the Scene of our Happiness and Miseries . . . A happy Marriage has in it all the Pleasures of Friendship, all the Enjoyments of Sense and Reason, and indeed, all the Sweets of Life. Nothing is a greater Mark of a degenerate and vitious Age, than the common Ridicule which passes on this State of Life.» *The Spectator*, II, No 261, 516, también en Nos. 479, 500.
75. *La Argentina*, II, No 4, 13.
76. I, No 15, 3-5.
77. I, No 6, 13.
78. I, No 9, 15-16.
79. «Carta de M.R.V.», II, No 4, 10-12, Correspondencia de 'Un soltero empleado'», I, No 8, 10-12.
80. I, No 2, 12.
81. I, No 14, 12.
82. II, No 6.
83. I, No 15, 3-5.
84. Adolfo Saldías, *Vida y escritos del Padre Castañeda* (Bs. As.: Arnoldo Moen, 1907), 195. Raúl H. Castagnino, *Milicia Literaria de Mayo*, 88. Francisco Castañeda, *Las tres comedias de Dona María Retazos 1821* (Bs. As.: Instituto de Literatura Argentina, 1924), en la tercera, «Los solteros corregidos por la Exma. e Illma. Comentadora, y por su escudera Da. María Retazos», el padre desarrolla su teoría. Los conceptos son similares: «Es hombre nulo el hombre soltero», 196, «Despreciable, inútil y gravoso al Estado», 197.
85. *La Argentina*, I, No 24, 6.
86. I, No 3, 8.
87. I, No 10, 9, misma idea en I, No 20, 7.
88. «their Course of Life was of such pernicious consequence to the Glory and Grandeur of the *Roman* Nation . . . For they were guilty of Murder . . . of Impiety . . . of Sacrilege . . . Therefore in this Respect they dissolv'd the Government in desobeying its Laws; betray'd their Country, by making it barren and waste; nay, and demolish'd their City, in depriving it of Inhabitants.» *The Spectator*, IV, No 528, 383.
89. «The Case of Celibacy is the great Evil of our Nation; and the Indulgence of the vitious Conduct of Men in that State with the Ridicule to which women are exposed, tho' never so virtuous, if long unmarried, is the Root of the greatest Irregularities of this

Nation.» *The Spectator*, IV, No 528, 382.
90. *The Spectator*, IV, No 479, 198, IV, No 490, 237.
91. *La Argentina*, I, No 1, 8.
92. I, No 12, 11.
93. I, No 7, 10-11.
94. I, No 9, 9.
95. I, No 17, 7-8.
96. II, No 4, 6.
97. I, No 11, 5.
98. «Other Faults indeed are not under the Wife's Jurisdiction, and should, if possible, escape her Observation, but Jealousy calls upon her particularly for its Cure, and deserves all her Art and Application in the Attempt.» *The Spectator*, II, No 170, 172.
99. *La Argentina*, «Teatro», I, No 1.
100. I, Nos. 7, 8, 10, 11.
101. I, No 7, 12.
102. I, No 10, 6.
103. ibid.
104. I, No 10, 9.
105. ibid.
106. I, No 15.
107. I, No 16, 5-7.
108. ibid., 11.
109. I, No 17, 16.
110. I, Nos. 17, 18.
111. I, No 10.
112. *Diario de la Tarde, Comercial, Político y Literario*, Bs. As., 16 de mayo de 1831 a 22 de abril de 1852, No 3366, 18 nov. 1842, No 3368, 21 nov. 1842.
113. Nos. 3004, 3046, 3073, 3114, 3430, 3467, 3620, 3659, 3738, 4018, 3703.
114. Nos. 2215, 4626, 4638, 4652.
115. Nos. 2235, 2236, 2244, 2245, 2246, 2249.
116. No 2008, 13 de marzo 1838.
117. «Female Virtues are of a Domestick turn. The Family is the proper Province for Private Women to Shine in.» *The Spectator*, I, No 81, 349.
118. *Diario de la Tarde*, «Avisos a las Damas», No 2215, 22 nov. 1838, figura como anónimo, corresponde a *El Pensador*, I, Pens. II.
119. «Avisos a las Damas», No 2203, 8 nov. 1838.
120. No 2008, 13 de marzo 1838.
121. No 5762, 4 dic. 1850.
122. No 3424, 27 enero 1843.
123. No 6029, 18 octubre 1851.
124. No 5400, 27 set. 1849.
125. No 5419, 15 octubre, 1849.
126. No 2872, 17 feb. 1841.
127. No 5837, 4 marzo, 1851.
128. «La afición a la lectura», No 2961, 11 junio, 1841.
129. No 2965, 16 junio, 1841.
130. No 3758, 18 marzo, 1844.

CAPÍTULO V

OTROS PERIÓDICOS

1— LA MODA

Este periódico continúa la línea neoclásica de *The British Packet* y *La Argentina*. Surge el 18 de noviembre de 1837 y concluye el 21 de abril de 1838, con 23 números de paginación irregular—dos o cuatro—in 4° mayor.[1] Alberdi o Figarillo es el alma rectora cuya ideología se vuelca en cada uno de los artículos. Colaboran Juan María Gutiérrez, Demetrio y Jacinto Peña, Carlos Tejedor, Carlos Eguía, Vicente F. López, José Barros Pazos, Nicanor Albarellos, Manuel Quiroga de la Rosa y Rafael Corvalán que es el editor.[2]

El Prospecto al mismo tiempo que es una declaración de los contenidos a tratar, constituye entrelíneas una filiación al Neoclasicismo. Después de enunciar que darán noticias sobre el estado y movimiento de la moda femenina y masculina, aclaran que informarán acerca de toda «producción inteligente» tanto de Argentina como del exterior. Aquí ya presentes dos caracteres neoclásicos: literatura racional y afán de ilustración a través de publicaciones extranjeras. Sin embargo para que no queden dudas definen qué entienden por literatura: «La literatura, no será para nosotros Virgilio y Cicerón. Será un modo de espresión particular, será las ideas y los intereses sociales.»[3] La literatura tiene que responder a los intereses sociales, debe ser útil—otra característica neoclásica—concepto que se explicita más adelante en el artículo sobre literatura: «nosotros pensamos con la convicción mas profunda, que el fondo del arte debe estar en una estrechísima intimidad armónica con el fin de la sociedad . . . este fin es el progreso, el desarrollo, la emancipación continua de la sociedad y de la humanidad.»[4] La literatura, como todo arte para los Ilustrados liberales, debe tender al progreso de la sociedad.

Publicarán también poesías inéditas y bellas y rechazarán lo feo y de mal gusto. La defensa del buen gusto—otra nota neoclásica—es una constante del periódico y se enfatiza en el comportamiento humano. Esto se encadena con otro propósito del Prospecto, el de dar nociones simples y sanas de urbanidad que guiarán al ser en su relación con los demás y en los espectáculos públicos. Se combatirá todo lo que sea señal de vulgaridad, de falta de educación y de refinamiento a través de reglas que enseñen lo que no se debe hacer, lo que hay que evitar. Nuevamente una minoría culta ve la necesidad de educar al pueblo por medio del periodismo combatiendo la ridiculez, el atraso: «Si oyéreis decir que en *La Moda* se burla de vuestro culpable atraso, con no leerla está hecho todo.»⁵

Esta crítica al atraso lleva implícita un ansia de reforma, de destrucción de la rutina, que abra el camino a la razón y a nuevas formas de vida. Cuando Alberdi justifica su seudónimo Figarillo, insiste en este aspecto: «si no fuese lo que ha sido ya otro, si no fuese *una repetición*, una continuación, *una rutina* de otro, en una palabra, *en esta rutinera capital* no conseguiría yo ser leído.»⁶

Por último el Prospecto declara a quienes va dirigida *La Moda:* «Se declama diariamente sobre la necesidad de cultivar el espíritu de las niñas y de los jóvenes dados a los negocios. Valiera más buscar el remedio y tomarlo. Nos parece el más propio, el de mezclar la literatura a los objetos lijeros que interesan a los jóvenes. Que la literatura les dé lo que ellos quieren, y la buscarán. Después les dará lo que ella guste. Venga la habitud de leer y después la regla de esta habitud.»⁷

La necesidad de transformación de la realidad del racionalismo ilustrado, exige nuevas formas sociales que implican un compromiso de todos los hombres. La mujer y los comerciantes se deben equiparar a la marcha general empezando por cultivar sus espíritus a través del hábito de la lectura. Este propósito de *La Moda* acerca Alberdi a *The Spectator.* Como se recordará Addison también dirigía el periódico a los que carecen de ideas por sus ocupaciones y a las mujeres cuyas diversiones y entretenimientos parecen olvidar que tienen raciocinio.⁸

Ninguno de los periódicos analizados hasta aquí focalizaba a la mujer y al comerciante como los dos seres más necesitados de educación y corrección. Esta meta enteramente nueva se mantiene a lo largo de toda *La Moda* y más de una vez en vista de los escasos resultados obtenidos semeja solamente «Predicar en desiertos»:

> escribir para las mugeres es predicar en desiertos, porque no leen, ni quieren leer: y si llegan a leer, leen como oyen llover.

Un periódico de damas sería un desierto aquí, porque para nuestras damas, toda literatura es un desierto. Decirles que deben darse a la lectura, al pensamiento: que no basta saber bordar y coser, que el piano, el canto, el baile, el dibujo, los idiomas no constituyen sino un preliminar a una educación completa; que sus destinos son mas altos y dignos en la sociedad, es predicar en las montañas.[9]

El lograr en la mujer el hábito a la lectura preocupó profundamente a Addison y Steele. Addison dedicó once ensayos a aconsejar lecturas a las damas, y Steele les propuso una «Biblioteca Femenina» de autores que al mismo tiempo que entretienen tienden al mejoramiento del sexo.[10]

La declaración de Alberdi acerca de la educación de la mujer es realmente de avanzada. Es una ruptura con la orientación tradicional conservadora que la reducía a las labores domésticas o a brillar en sociedad. Alberdi esta aquí coincidiendo con los reformadores racionalistas que aceptan a la mujer como un ser con derechos y responsabilidades, determinante del bienestar de la sociedad. Desde este punto de vista el estudio que Rae Blanchard hizo con respecto a los grupos o concepciones de la mujer en Inglaterra, se puede aplicar a la Argentina.[11] También aquí existen tres grupos, el de los conservadores formado por el clero y moralistas que consideran que el status de la mujer está determinado por la costumbre. El segundo grupo, escritores humoristas, la hacen objeto de su galantería o desdén y el tercero, el de los reformadores abocados a un feminismo racional, bogan por una educación adecuada que la equipare socialmente al hombre. Los dos primeros grupos están dentro de la ideología tradicional española, el último responde a los racionalistas ingleses y franceses.

La preocupación y lucha de Alberdi por una «educación completa» para la mujer que la habilite para cumplir con destinos «más altos y dignos en la sociedad,» constituye un aporte incuestionable a la corriente liberal feminista argentina.

Queda por lo tanto en el Prospecto definido Alberdi como un crítico y reformador de las costumbres, cuya perspectiva iluminista derramará educación en los sectors sociales más descuidados—la mujer y los comerciantes—y su sátira corregirá a los extraviados e ignorantes.

Desde este punto de vista es difícil aceptar a *La Moda* y sus redactores como románticos, según algunos se obstinan en ver a pesar de las declaraciones en contra del Romanticismo que se repiten una y otra vez:[12]

Ni somos ni queremos ser románticos. Ni es gloria para Schlegel, ni para nadie el ser románticos . . . ningún título es

119

acreedor a las simpatías de los que quieren un arte verdadero y no de partido, un arte que prefiere el fondo a la forma, que es racional sin ser clásico, libre sin ser romántico, filosófico, moralista, progresivo, que expresa el sentimiento público y no el capricho individual.[13]

Nuevamente Alberdi está definiendo el «arte verdadero» desde un punto de vista neoclásico: un arte de «fondo», «racional», «libre», «filosófico», «moralista», «progresivo», que responda al interés social no al individual. La literatura para Alberdi—como para los Ilustrados—no está separada de los problemas sociales.

Se impone ahora aclarar una técnica de la sátira de Alberdi, sin la cual se puede mal entender todo el sentido de La Moda. Es la de convencer con la mentira y consiste en emitir aseveraciones cuyo valor semántico es exactamente el opuesto. Este recurso usado bajo un régimen de represión le permitió a Alberdi—por un tiempo—expresar libremente sus pensamientos y engañar a más de uno acerca del verdadero sentido de sus palabras. Se debe a esto que La moda haya sido juzgada como periódico rosista cuando en realidad es todo lo contrario:

> Las luces pues, no tienen sino motivos de gratitud, respecto de un poder que no ha restringido la importación de libros, que no ha sofocado la prensa, que no ha mutilado las bibliotecas, que no ha invertido la instrucción pública, que no ha levantado censura periodística, ni universitaria.[14]

Como se observa está aseverando una serie de hechos pertinentes al Restaurador realizados en la práctica opuestamente. Esto le hace a Oria decir: «¿Existirá periódico rosista, por exaltado que se lo ponga, que haya ido más lejos en el elogio del Restaurador?... del gobierno de ese 'Restaurador' se hace el más expreso y puntual elogio.»[15]

Está técnica satírica funciona en La Moda no solamente dirigida al gobierno absolutista, sino también a todo lo que es objeto de censura. Así se observa cuando de acuerdo a la mentalidad de los Ilustrados, define al pueblo como la masa ignorante fácilmente conducida por ideologías y modas:

> Esos que repugnan el color punzó, debieran ver que lo lleva sobre su seno, el Pueblo, que es mejor que ellos, y que honra todo lo que toca. Se ha de cerrar los ojos a lo que el pueblo quiera, para ser buen patriota; y lo que él acostumbre ha de ser santo: fe en el pueblo tanta como en Dios: culto a la una

como a la otra magestad: es el dogma de los hombres libres.¹⁶

Esto no fue precisamente entonar «el credo federal» que debió «bienquistar al gacetín con las autoridades,»¹⁷ sino que es un abierto menosprecio del pueblo-masa, de sus gustos y elecciones. De igual modo el color punzó «que expresa el pensamiento, y el interés de todos» es el que usa la muchedumbre.¹⁸

El concepto de pueblo como la masa ignorante sin criterio propio, Alberdi lo clarifica en el No 18 donde especifica que cuando se refiere a pueblo alude a pueblo masa, es decir la significación más peyorativa.

La muchedumbre es el pueblo: la ignorancia es su título de soberanía e infalibilidad. El pueblo! es decir, la gente que no sabe ni piensa, es el legislador infalible que nosotros escucharemos y seguiremos, es la suprema luz.¹⁹

A este pueblo compuesto por tenderos, mujeres, zapateros, él les niega todo derecho a opinar, «no tienen voto en la materia, porque son masas.» Luego las críticas e injurias que se le hagan a La Moda provenientes de dicha gente gozan de toda impunidad, como así también la tienen «los clamores cotidianos de la tiranía con los progresos fatales de la libertad.»²⁰

Este ataque tan directo a Rosas tendría sus consecuencias. Cinco números más tarde Alberdi ya está consciente—y así se lo hace saber al lector—de la suspensión de La Moda: «Como aquellos que se despiden por los Diarios, para evitarle la molestia de decir a todos *me voy*; nosotros diremos nuestra conversación, evitándonos el disgusto de repetirla, y los cumplimientos de entrada y despedida, gustosos tan solamente a la gente de tono.»²¹ El subrayado *me voy* y su técnica de convencer engañando, revelan la verdadera situación. Esta conversación no se repetirá más, ni habrá despedidas, pues no ha sido del gusto del pueblo, de la gente de tono. Más adelante se cuela la frustración de no haber sido escuchado: «Nuestra charla ha sido como la del que visita en noche de lluvia.»²²

Alberdi deja Argentina y va a Montevideo. Aquí colabora en El Iniciador y en el artículo «Figarillo en Montevideo» cuando alguien le pregunta por qué cesó La Moda responde: «Por las tenacidades de un maldito impresor que quería obligarnos a escribir contra los pobres loros, más injurias y más insultos que los que les llevábamos dirigidos.»²³ Subyace aquí su intención de reformador de la sociedad, que trata de lograr cambios censurando a «los loros» y a «las cotorras»—como él los llama en La Moda—y cuyo atraso le hizo exclamar: «Bienaventurados los faltos de espíritu, porque de ellos es el reino de la mofa y de la sátira.»²⁴

El detenerme tanto en el Prospecto ha sido necesario para aclarar ciertos puntos confusos de la crítica y anteceder las notas neoclásicas del periódico que estudiaré más adelante. Esto último lleva implícito otra finalidad, la de marcar las diferencias entre el costumbrismo de Larra y el de Alberdi. Aunque la ideología de Larra en el *Duende Satírico* y aún *El Pobrecito Hablador* procede de la Ilustración,²⁵ en Alberdi el Neoclasicismo se da más puro. Su afán de progreso y de reforma tiene miras más amplias que en Larra, sigue más de cerca al hombre especialmente a la mujer que fue casi olvidada por aquél. La figura de censor o «counsel of manners» se delimita en Alberdi más nítidamente que en Larra, a través de reglas y consejos que abarcan todo el comportamiento humano.

Sus aparentes «frivolidades» que van desde la moda hasta la música, son una evidencia de que él está preocupado por la formación total del ser. Su vestimenta, conversaciones, lecturas, actitudes con los demás seres y diversiones públicas son temas que reflejan una mente analítica ansiosa de lograr una sociedad mejor. Este costumbrismo tiene que ver más con los filósofos moralistas Addison y Steele que con Larra. Es un costumbrismo que está registrando más fielmente todas las diástoles y sístoles de una sociedad que tiene mucho de española, pero que esencialmente es argentina.

Alberdi ya lo declaró, «Larra, nos es útil, porque la mitad de nuestra sociedad es española; pero Larra no ha podido adivinar las preocupaciones americanas, aun cuando hubiese escrito para América. . . Larra que no basta a la España, basta mucho menos a la América.»²⁶

Alberdi sigue a Larra cuando critica la mitad española de nuestra sociedad. Por lo tanto como él se queja de la vieja España feudal estancada frente al avance del resto de Europa, de sus costumbres oscuras y miserables, de su lengua inadecuada, ya que todo esto es lo que pervive en la sociedad argentina.

Cuando se asevera que Larra fue el único modelo y guía para el costumbrismo argentino que le proporcionó no sólo la «temática», sino la «actitud crítica satírica,»²⁷ se están olvidando las palabras de Alberdi citadas arriba. Lo que Larra dio al costumbrismo argentino, fue lo que era un igual motivo de crítica y censura en la mitad española de la sociedad argentina.

A) *Concepto y situación de la mujer*

Es el primer periódicos de los vistos en que el tema de la mujer y su mundo prevalece, tratado no solamente por Alberdi sino por sus colaboradores. Se puntualiza más categórica y sistemáticamente la necesidad de que la mujer se nivele socialmente y se aleje de la frivolidad, de la educación añeja y de la ociosidad mental; que aprenda a ser útil y logre el completo desarrollo de todas sus facultades. Se insiste en que se cultive, lea, que ejercite su mente paralelamente a su cuerpo: «De otro modo nunca saldrá de la esfera de un artículo de lujo, de una administradora doméstica, de una compañera momentánea de entretenimiento y de placer a los sentidos: rol degradante, que está muy distante de los verdaderos y brillantes destinos de la muger.»[28]

La crítica a la vanalidad de las conversaciones que versan sobre la moda, murmuraciones, el tiempo, problemas domésticos es el tema de muchos artículos de Figarillo: «Guárdese Ud. de hablar, si sabe hablar, de literatura, ni de artes, ni de cosas, de intereses generales, que aquí ni se sabe, ni se quiere saber de eso entre las señoras, eso es bueno para las francesas.»[29] Cuando Figarillo le pregunta a las mujeres cuáles son los temas de interés a tratar en un periódico, éstas contestan que lo que más entienden es de modas, tertulias, paseos, peleas, cuentos, casamientos, partos, bautismos.[30]

El defecto de la mujer habladora que tanto trató Addison especialmente en el No 247 de *The Spectator*, aquí también se censura.

> Sansimon (sic) dice que la muger carece de la palabra en la sociedad actual; es un poco solapada esta expresión . . . Sin duda que dice un evangelio si quiere decir con ello que la muger ni tiene palabra, es decir que no es capaz de hablar de verdad. Pero comete un absurdo si pretende decir que la muger no habla, es decir que se está callada la boca; porque todos vemos que la muger no hace otra cosa que hablar día y noche.[31]

Los inconvenientes e inseguridades que suponen para la mujer escribir una carta están patentizados en los artículos «Las Cartas», Nos. 7 y 8. Es Figarillo quien tiene que auxiliar a su «comadre» en tan difícil empresa porque, «Las niñas aprenden a escribir para apuntar ropa y para cuando se casen: una que otra vez para el amor; para la amistad, para los negocios, nunca.»[32]

El retrato de la mujer inculta, burda, «material», aparece nuevamente en «Da. Rita Material», No 12. Da. Rita expone a su compadre una serie de quejas del medio, que revelan la desubicación social de la mujer. El alcalde amigo que ha dictaminado en favor de un «gringo» y no de ella; su amiga que la critica por ir al baile con las hijas, criadas y perros como lo hace todo el mundo.[33] El recurso de convencer engañando aparece cuando el visitante le aconseja seguir a la mayoría, «Porque una cosa para ser buena y verdadera, no necesita sino de que todo el mundo la practique. El mundo, es decir, la multitud, hace la verdad y la justicia» (p. 139).

Como Addison y Steele, Alberdi no escatima esfuerzos para mostrar a la mujer degradada y envilecida por la ociosidad. Sus frívolas ocupaciones la alejan del curso de la vida y la convierten en un ser inútil, dominado por inteligencias más cultivadas. La culpa de la degradación de la mujer la tiene la sociedad:[34] «Desconocida su naturaleza, se la cría más para el agrado, que para consuelo de la humanidad. Alejada de toda ocupación seria, se entretiene con mil bagatelas.»[35] El hacer responsable a la sociedad de la deficencia de la educación del pueblo, fue una actitud común entre los Ilustrados.

Nótese que el concepto de la mujer como «consuelo de la humanidad» corresponde a los ensayistas ingleses: «Las mujeres han sido creadas para atemperar la humanidad, y consolarla con ternura y compasión.»[36]

Es el hombre el que contribuye a hacerla «vana, coqueta, falsa. Cuanto más afectada y caprichosa es una muger, tanto mayor es el círculo de sus vulgares adoradores.»[37] Steele hacía una reflexión similar y sugería dar una nueva educación al hombre para que no se enceguezca con el falso brillo de encantos y bellezas irreales porque, «Estar enamorado de una mujer con sentido y virtud es un beneficio para la moral y el intelecto del hombre, de este modo la pasión es ennoblecida por el objeto que la inspira.»[38]

Aparece en *La Moda* el concepto común a todos los costumbristas: la mujer que forma las costumbres debe por lo tanto acceder a otra educación. «Destinada a formar las costumbres de una nación nueva, debe unir la sencillez a la elegancia, debe aspirar al desarrollo completo de todas las facultades con que la ha dotado la naturaleza.»[39]

El recurso empleado para que la mujer tenga otra educación y sea agradable por el cultivo de su inteligencia, es el mismo del ensayo de *The Spectator* sobre las dos hermanas, Laetitia y Daphne: una hermosa y vana, la otra fea pero espiritualmente bella.[40] Artificio que imita luego Clavijo y Fajardo en el contrapunto entre la bella Antonia y la aguda Cecilia, como ya se sañaló. En «Ventajas de las Feas» se presenta el mismo paralelismo: las feas preocupadas por suplir con la educación aquellos atributos negados por la naturaleza, triunfan sobre la superficialidad de las bellas.[41]

El concepto de la moda aparece siempre unido al de democracia para indicar belleza, simplicidad: «De modo que una moda, como una costumbre, como una institución cualquiera, será para nosotros tanto más bella, cuanto más democrática sea en su esencia, es decir, cuanto más sobria, más simple, más modesta fuere.»[42] En Argentina no hay modas dominantes por no haber democracia. La moda participa del caos e indecisión de la sociedad.[43] La democracia ayuda no solamente a la legislación, ciencia y educación, sino también al arte y a la moda, como ha sucedido en Estados Unidos con la democracia de Tocqueville. Se establece una estrecha relación entre la forma de gobierno y la moda, que ésta sea sencilla, alejada de toda afectación y ostentación. Dentro de este enfoque se alaba a la mujer argentina cuando modifica inteligentemente las modas francesas e inglesas, y se critica los peinados complicados. A pesar del título del gacetín pocos son los artículos dedicados a la descripción de la moda femenina como se observa en *La Argentina*. No es preocupación de Alberdi el detenerse en el detalle de lo que se usa, sino insistir en la sencillez y belleza unida a lo útil, conceptos nuevamente neoclásicos: «aquello que es sencillo sea también a la vez conveniente y bello» (No 3, 89).

Como *The Spectator* aconseja tener cierta independencia en el gusto, ya que «Una misma moda no puede sentar bien a todos» (No 11, 132). Tener en cuenta la carrera y posición social del individuo, considerar el tiempo y el lugar. En el No 150 de *The Spectator*, se censura a la gente que no viste de acuerdo a su condición, provocando el ridículo, sin advertir que «la buena apariencia en el traje favorece sus atributos y estado» (I, 93).

B) *Civilidad*

Como en *The British Packet* y *La Argentina* la reforma de la conducta se hace a través de reglas, que en *La Moda* señalan aquello que no se debe hacer, lo que es signo de vulgar y prosaico, lo que refleja una educación pobre, «lo que pasa por bello entre gentes, que pasan por cultas.»[44]

Este aspecto del costumbrismo es el más ampliamente desarrollado, se le dedican catorce artículos. Las señales de incivilidad y de mal gusto son realizadas por el «vulgo» y por la «gente aparte». Entre ellas, entrar en una representación de teatro al segundo acto y molestar a los espectadores, oir misa desde el pórtico, chiflar y tararear en las calles, marcar el compás a patadas en el teatro provocando una nube de polvo y atormentando las orejas.[45] La señorita que va al baile y compromete todas sus piezas, los poetas que recitan sus versos y el hablar de política en la mesa es «civilidad.»[46]

La crítica a la mujer coqueta, al niño mal educado, al hombre irritable y de mal humor, a los anónimos, se hace en «Adivinanzas de Pero Grullo.»[47] En «Tono» se alude a un aspecto examinado por Steele en el

No 255 de *The Tatler* y por Larra en «Entre qué gente estamos» —como ya señalé— la desubicación en el trato con la gente, «Tratar a los iguales como inferiores, a los superiores como iguales.»[48]

«Señales de hombre fino» son apretar los labios y los dientes para hablar, invitar a comer y a deglutir setenta platos vestido de etiqueta, dar conciertos de aficionados o «desaficionados» de piano y canto, salirse del teatro antes del sainete, sacudir recio la mano, «bailar florido con trinos y apoyaturas.»[49]

Otra preocupación de *La Moda* es lo que se conversa y cómo se hace. Arremete contra los destructores de la conversación que siempre tienen el yo en los labios, los que opinan sin conocer el tema, los que adoptan fraseologías técnicas. En «Instituciones oratorias dirigidas a la juventud», Figarrillo expone ocho reglas para impresionar al interlocutor, que explicitan el mal gusto y exageración de la mímica en la conversación. Algunas de ellas, sentar una proposición estrellando la palma de la mano contra una mesa, sorprender al adversario repentinamente con un grito o una patada en el piso, enflaquecer agudamente la voz para enfatizar la pequeñez de los argumentos del otro. Finaliza con el recurso satírico de convencer engañando, «recomendando a la juventud reflexiva el estudio incensante de los modelos vivos que nos circundan por todos lados.»[50]

Los inmoderados gestos y recursos sin sentido que el inglés exhibe para atraer la atención de la gente en la conversación, fueron censurados por Addison: «Los gestos violentos y vociferación sacuden los corazones de los ignorantes, y los llenan con una especie de horror religioso.»[51]

La melomanía en los padres es representada en la obsesión de que los hijos toquen el piano y muestren dicha habilidad a las visitas. El resultado es desastroso como se revela en «Reglas de urbanidad para una visita», donde un visitante debe aceptar dócilmente todo tipo de desafinación o «trucidación» del Minué de Mozart realizada por una niña en el piano.[52] Es asombroso el parecido de este artículo de Figarillo con «Moeurs Anglaises. Un concert bourgeois» que *Revue Britannique* publicó en julio de 1829. El artículo, como todos de la revista, es inglés y pertenece a *Extractor*. Aquí también un visitante debe escuchar el talento musical de una niña que «commence son morceau ou plutôt son gémissement.»[53] En Alberdi, el concierto de la niña es interrumpido por los gemidos de un perro a quien pisa en vez del pedal. En el artículo inglés, los gemidos de un animal encerrado en el gabinete para no estropear la velada, irrumpen escandalosamente.

Es de destacar el poder de observación de Figarillo; nada queda olvidado al escalpelo de su crítica: el estilo alambicado e inmóvil de la esquela funeraria, la costumbre del «bracete», la importancia de las «tapas» de un libro y no de su contenido. En el No 14 se analizan los distintos significados de la palabra flujo: «costumbres», «caprichos», «inclinaciones», «manías»; y el ataque al atraso surge nuevamente, «Así el inglés tiene flujo mercantil, el francés flujo científico, el turco flujo sensual, el español flujo apático, nosotros, que tantos esfuerzos hacemos por adelantar, flujo progresivo» (p. 150).

Con respecto al baile, como Addison y Love está en contra de la inmoralidad que da origen: «Una juventud hostil ha confundido el galanteo con el amor, la urbanidad con la llaneza».[54]

A igual que *The British Packet* y *La Argentina*, censura el desvergonzado comportamiento de la mujer en el Carnaval: «Que se pierde en que las chicas tengan tres días de confianza con los mozos, después que todo el año se están mirando sin tocarse como si fueran alfiñiques.»[55] La sátira a la costumbre heredada de los españoles, y al vandálico juego con agua es más acre que en *The British Packet*.

El costumbrismo de tipos sociales aparece en *La Moda* en el artículo de Juan María Gutiérrez, «El Hombre hormiga», donde se describe el espíritu mercantilista de un usurero. Recuerda por la temática y composición el artículo «Le Spéculateur» de *Revue Britannique*, que tanto inspiró a «El usurero» de Andrés Lamas publicado en *El Iniciador*, como se verá.[56]

Cuando se reprocha a Alberdi de hacer «la parodia de la sociedad porteña,» se justifica y da la fundamentación de su sátira: «La sátira será indispensable mientras haya preocupaciones y vanidad, es decir, mientras haya hombres.» Además su sátira no es de individuos específicos, declaración común a todos los costumbristas: «Nosotros no hacemos otra cosa que tipos ideales de fealdad social, presentándolos como otros tantos escollos de que deba huirse.» La crítica que señala el ridículo o un atraso, que tiende al progreso es necesaria: «Ningún pueblo mas civilizado que el pueblo inglés, y en ningún país del mundo se forjan mas caricaturas, mas sátiras, mas sarcasmos contra los ingleses que en Inglaterra misma.»[57]

Alberdi es quien mejor ejemplifica a través de sus artículos costumbristas al «counsel of manners» que está realmente preocupado por la completa formación del ser humano. Si éste aparece distorsionado en su sátira, es precisamente para hacer resaltar sus debilidades y vanidades. La caricatura, el sarcasmo tienen una sola meta, el progreso y evolución del hombre en la sociedad.

2— EL INICIADOR

Aunque este periódico se publicó en Montevideo, me detendré

brevemente en él por haber sido redactado en su mayor parte por argentinos, que siguen más fielmente que *La Moda* las palabras simbólicas de la joven generación de Mayo.

El Iniciador nace el 15 de abril de 1838 y cesa el 1 de enero de 1839. En total fueron 16 números, 12 del tomo I y 4 del II, cada número aparecía quincenalmente con 24 páginas in 4° mayor.[58] Los fundadores fueron el uruguayo Andrés Lamas y el argentino Miguel Cané. Colaboraron Mitre, Félix Frías, Santiago Viola, Florencio y Juan Cruz Varela, Carlos Tejedor y Miguel de Irigoyen. Desde Buenos Aires lo hicieron, Juan M. Gutiérrez, Echeverría, Luis Méndez, Rafael Corvalán y Alberdi que al cesar *La Moda* lo hará en Montevideo. Juan Bautista Cúneo, italiano, fue auxiliar de Cané en la redacción.

El periódico esencialmente trata de dar a conocer todos los principios del Código de la creencia social de la Joven Generación, en gran parte redactado por Echeverría y reeditado como *Dogma Socialista* en 1846. El último número del segundo tomo, está totalmente dedicado a la reproducción de las palabras simbólicas de fe de Echeverría y finaliza con una nota de los editores que dice:

> Es la última palabra, la espresión sistemada y definitiva de su vida de iniciación y propaganda. Es la rebelación franca y pura de cuanto, aquellos tiempos difíciles en que ha hecho ruta, no le han permitido verter sino en artículos más o menos indecisos y vagos.[59]

Esta declaración peca de modesta, ya que todo el periódico es un insistir no en artículos «indecisos y vagos» del *Dogma Socialista* de Echeverría. Son los hitos que la generación propone a la juventud para lograr la independencia ideológica, organización y constitución de la República. De allí el nombre del periódico y el mote que acompaña a cada número, «Bisogna riporsi in via», porque al mismo tiempo que inicia una nueva corriente en la juventud—con nuevas ideas sociales—la exhorta a que se ponga en camino, a que actúe imbuida con los ideales de libertad y progreso que propugna el *Dogma*.

Los redactores se sienten llamados a cumplir una misión de ruptura con el pasado, cabalgando con las ideas de los países más adelantados. Convencidos de realizar grandes destinos y de hacer un gran bien a la Patria, proclaman una nueva ideología y rechazan todo aquello que es índice de estancamiento, opresión, rutina.

En la Introducción se explica la causa de la aparición del periódico y a quién va dirigido.[60] Esencialmente *El Iniciador* quiere educar, cultivar al pueblo ignorante para así poder romper con la otra cadena que resta de España, la que perdura en la legislación, en las letras, en las costumbres.

Son precisamente los jóvenes los que podrán ampliar el horizonte estrecho trabajando, estudiando, empapándose en las nuevas corrientes.

Los redactores se saben jóvenes, pero quieren ser útiles y colaborar con el objetivo humanitario y santo que se han propuesto. La mayoría de los artículos responde a este fin: insistir en el rol de la juventud, propagar los ideales de fe, progreso y libertad, abandonar los dos legados dejados por España en las costumbres, y en la legislación caduca. Esta hispanofobia salta una y otra vez para censurar la rutina y la tradición, que cercenan el derecho de elección y de examen.

España es negada también en su literatura que sólo ha producido obras realistas pero desprovistas de infinito, y en su lengua inadecuada para los argentinos, ya que no es el reflejo del pueblo.

La poesía tiene—como para los Ilustrados—una misión social, no sólo debe ser bella sino útil, moral, obra no del poeta sino de la nación: «el poeta social y democrático debe cuidar siempre de atizar el fuego de aquellos sentimientos de igualdad, de atacar fuertemente las preocupaciones que se oponen al progreso democrático de concluir con las reliquias de las edades bárbaras.»[61]

«Visiones de óptica»[62] y «El Sonámbulo»,[63] crean un mundo ideal—al que aspira la joven generación—donde se cultivan las artes y letras. La juventud conoce sus derechos, la ciencia es gustada por el pueblo, la mujer alejada de las frivolidades y no existen la desigualdad ni la superstición.

El tema de la mujer no es precisamente la primera preocupación, comparado con *La Moda*, son muy pocos los artículos que tratan de ella. No aparece la sátira despiadada de Figarillo que la descubría en sus ignorancias y debilidades más palpables. Exactamente son cinco los artículos referidos a ella. Se la muestra como un ser insensible capaz de entristecerse por los mal logrados detalles de su vestido, pero que permanece fría ante el espectáculo de toros o la ejecución pública de un hombre.[64] Esta preocupación es común a la ya vista en Larra.

La necesidad de enmendar su educación es tema de dos artículos. Se insiste en que se prepare para servir a la patria y a la humanidad, que deje de ser un objeto de adorno o de pasiones egoístas.[65] Es Alberdi nuevamente quien con su clara visión de la realidad, define más categóricamente la situación social de la mujer: «La muger es niña nada más entre nosotros. No es ella misma; no tiene personalidad social. Es una faz de la madre o del marido es la madre o el marido visto de otro aspecto.»[66]

Mientras Alberdi en su gacetín veía la moda como consecuencia del caos y de la desorganización del país, para Miguel Cané es signo de progreso, movimiento, evolución no sólo en el vestir sino también en las ideas: «La moda es buena, pues, porque la moda es sinónimo de movimiento, y el movimiento es la vida.»⁶⁷ Como ya señalé en los periódicos anteriores, igualmente aquí se ve al baile moderno como un atentado a la moral y buenas costumbres, que satisface los «deseos más torpes.»⁶⁸ En «Los Primos» se critica el abuso, excesiva confianza y atropello a la vida íntima que suelen cometer los primos. Llegan sin ser llamados, prontos a compartir ventajas, a pedir dinero.⁶⁹ El desconforme que todo lo objeta y que siempre encuentra un pero, el que se abandona a la rutina, el que se preocupa sólo del acicalamiento personal, la riña de gallos o de la corrida de toros, son esbozados brevemente con brochazos condenatorios.

Los artículos de crítica más incisiva pertenecen a Alberdi. En «La cartera de F.» ridiculiza la excesiva declamación de los actores teatrales, la desubicación de los espectadores que sólo se preocupan del decorado y no de la representación, la retrógrada actitud de los padres que atribuyen a las amistades el pensamiento liberal de sus hijos.⁷⁰ En el mismo artículo Alberdi censura los cumplidos que se prodigan en toda conversación, frases repetitivas que han perdido el valor semántico. Este tema fue analizado en los Nos. 557 y 103 de *The Spectator* y las observaciones son similares: «El mundo ha crecido tan lleno de simulación y cumplido, que las palabras de los hombres escasamente significan sus pensamientos» (I, No 103, 430).

Más adelante Alberdi ironiza sobre las condiciones de una tertulia de baile. Una sala con capacidad para que entren las señoras, primas, amigos y sirvientes. Pocas luces, servir nada más que mate y a los mozos agua; cumplidos estos requisitos, el baile semejará «un gabinete de historia natural,» con toda clase de fósiles, pianos, señoras, pájaros.⁷¹

Al costumbrismo de tipos sociales corresponden «El encededor de faroles» y «El usurero». En el primero de Juan M. Gutiérrez, hay una descripción y ambientación del encendedor de faroles que desempeña las más variadas tareas durante el día, para iniciar su luminoso trabajo a la oración.⁷²

«El usurero»⁷³ atribuido a Andrés Lamas, presenta grandes similitudes con «Le Spéculateur» que la *Revue Britannique* extrae de la revista inglesa *The Humorist.*⁷⁴ En ambos artículos se describe al tipo social cuyos móviles son los intereses materiales. La similitud va más allá del tema, si se hace un paralelo entre los dos textos se advierte que algunas expresiones del texto español, son más que una simple coincidencia con el francés.

El Usurero no se fía de persona alguna, ninguna tampoco se
fía de él (p. 22).
Gideon no se fiait à personne; nul ne se fiait à lui (p. 329).

La cárcel es una imagen que él tiene siempre delante de sus ojos, y la que regla sus acciones (p. 22).
L'image du gibet, toujours présente à son espirit, réglait ses mouvemens (sic) (p. 329).

Ambos son insensibles a los trágicos sucesos callejeros, se cuidan de no dejar testimonio con su firma y saben hasta qué punto llegar sin comprometerse. Esta gran semejanza se da esencialmente con la primera parte del artículo inglés, pero no continúa en la segunda. «El usurero» es mucho más corto, el autor se atiene a la caracterización del tipo. En «Le Spéculateur» la descripción del personaje se completa mostrándolo en la acción.

Una constante de *El Iniciador* común a *La Moda*, es la del enfrentamiento de la nueva generación con la vieja. Una y otra vez estos jóvenes se ven limitados por la crítica y el rechazo de la edad madura. Esta esgrime experiencia y conocimiento y duda que «la nueva juventud» insolente, destructora de cánones y axiomas, pueda ofrecer algo útil.

Nuestros Padres hicieron lo que su tiempo les permitía, nosotros haremos lo que el nuestro nos permita: ¿podrá llegar, Sr. la intolerancia, el orgullo hasta el punto de que el hombre maldiga a su hijo porque es mas feliz o mas laborioso?..[75]

Steele también desestima esa común creencia de que la vejez posee por la edad más experiencia y sabiduría, ante la cual la juventud debe callar aunque tenga razón.

Los hombres viejos rechazan, por la mera fuerza de su ancianidad, las más fuertes razones de los jóvenes; así para el hombre joven en la flor de su vida y en el vigor de la edad, contradecir razonablemente a los ancianos, es estimado una insolencia imperdonable, y considerado como una reversión de las leyes de la naturaleza.[76]

En general, el periódico responde a la misión social de progreso y libertad de la Joven Generación. El costumbrismo que aparece continúa con los lineamientos neoclásicos de difundir la cultura, destruir el atraso y las cadenas feudales que atan a España.

3— EL PROGRESO
DIARIO COMERCIAL POLÍTICO Y LITERARIO

Este periódico fundado por Sarmiento en Santiago de Chile el 10 de noviembre de 1842, se prolonga hasta 1852. Aquí se verán únicamente los años 42 al 45 que correspondieron a la actuación de Sarmiento como redactor del mismo[1] Representa para Santiago el primer periódico diario. En el Prospecto Sarmiento recalca la necesidad de crear un periódico para la capital y así evitar «mendigar» a periódicos de Valparaíso. Un periódico «que se ocupa exclusivamente de sus intereses, de su ornato, de la policía y numeración de las calles.»[2] El periódico tiene cuatro páginas sin numerar in 4°, su formato, tipo impreso y destribución del material recuerdan *The British Packet*. Las referencias que se hacen a él indican que Sarmiento seguía de cerca su lectura.[3]

Según el *Catálogo de Periódicos Sudamericanos,* los colabodores fueron Carlos Tejedor, Juan Nepomuceno Espejo, José Victoriano Lastarria, Bartolomé Mitre, Antonio García Reyes, Salvador Sanfuentes, Manuel Talavera, Rafael Minvielle, Rafael Vial y José Antonio Torres.[4] Con la excepción de Sarmiento, Rafael Vial y Lastarria no hay en el periódico mención especial a otros nombres, aunque sí se anuncia la presencia de nuevos redactores y colaboradores.[5]

El alejamiento de Sarmiento de la redacción y las causas que lo motivaron aparecen a partir del No 806 «Advertencia». Se mencionan los constantes ataques dirigidos por el periódico *El Siglo* a Sarmiento y a Montt, considerados enemigos del país.[6] En el No 902 se anuncia la constitución de una nueva redacción debido a la ausencia de Sarmiento. En el No 905 se transcribe un artículo de *El Mercurio* de Valparaíso donde se lamentan de «la maledicencia, la calumnia i la injuria» que han visto en Sarmiento «un adversario político . . . El señor Sarmiento deja un vacío notable en nuestras filas.»[7]

En el No 908 la nueva redacción declara la línea a seguir, republicana, y cuáles son los periódicos amigos y enemigos. Esto es el resultado de la contienda contra Sarmiento quien ha sido «vilipendiado por una porción de la prensa contemporánea, en vez de dignificado i ensalzado, como era justo.»[8] Aunque Sarmiento se va no solamente del periódico sino de Chile, el tono que supo imprimir a *El Progreso* durante sus tres primeros años permanece en el espíritu de los redactores.

Continuando con el plan de estudio del costumbrismo analizaré *El Progreso* sólo desde este punto de vista. Queda fuera el gran bagaje político y polémico, la literatura ficcional y teatral.

En el No 1 se halla un encabezamiento a tres columnas que se mantendrá hasta el No 799. En la primera «Prevenciones», declara que el diario publicará toda información, y que no es oficial. En la segunda se anuncian las salidas de correos a distintas partes del país. En la tercera dos informaciones, «Efemérides y Metereología» y «Temperatura y Atmósfera», ésta última nunca se cubre y se reemplaza en el No 48 por la salida y puesta del sol y los días de la luna.

En el Prospecto se explica los contenidos que cubrirá. Información acerca del movimiento del puerto de Valparaíso—como antes lo hizo *The British Packet* del puerto de Bs. As.—de la cárcel de Santiago, de tribunales, de la población y de los hospitales. Habrá espacios reservados a avisos comerciales, funciones de teatro y folletines. La introducción del folletín dentro del periodismo es una novedad para Chile. Este folletín reproducirá obras literarias nacionales y fundamentalmente extranjeras, sacadas de periódicos franceses y españoles.

Se admite francamente que no vacilarán en tomar material de otros periódicos y que «vistiéndolo de ropa ajena, véngale o no le venga al cuerpo, lo haremos salir a la calle mas mono y engalanado, que cada uno de ellos separadamente.»[9]

El Progreso ha sido creado también para otro público: la mujer. En la sección dedicada a la moda «recomendarán lo que se usa de preferencia, según las casas más conocidas del medio», conjuntamente se informará sobre las tertulias, conciertos, reuniones y paseos. Este material será el «cebo engañador . . . que atraerá a nuestras curiosas a su lectura.»[10] La necesidad de crear un «cebo engañador» para lograr que las mujeres lean y se interesen por algo más que su arreglo exterior se explicita más adelante en «Al oído de las lectoras».

> El folletin del Progreso ha sido mandado hacer exprofeso para las niñas y las viejas; y ningún barbilampiño ni barbicano haya de meterse con las cosas que son para la toileta de aquéllas. . . . Ha pillado alguno a una niña leyendo alguna vez siquiera el artículo de fondo, las noticias extranjeras, sus malditas guerras americanas, sus biografías . . . ¿Quién vio hija de madre que se ocupase de cosas de hombres?.[11]

El procurar el hábito de la lectura en la mujer—que tanto espacio ocupa en *El Progreso*—significa el primer y más importante lazo de unión entre *The Tatler* y *The Spectator*. Este contenido vuelve a ser explicitado: «Algo para señoritas, pero esto tan medido que no hai riesgo que el exceso enferme sus desgraciadas constituciones, mucho para los jóvenes y jente estudiosa, y el resto para el comercio, las transacciones y los negocios.»[12] Todo esto refleja cómo la mujer y su educación representan una preocupación y objetivo de Sarmiento desde el prin-

133

cipio, inquietudes que empiezan a marcar las diferencias con el costumbrismo de Larra.

El contenido del periódico se amplía más adelante con la incorporación de un «album musical» (No 30), un boletín bibliográfico sobre «los nuevos libros extranjeros llegados tanto a Santiago como a Valparaíso» y una sección de biografías de «hombres célebres de la humanidad.»¹³ Es sintomático que esta sección de biografías se inaugura con la vida de José Addison. Por primera vez se encuentra entre los periódicos sudamericanos analizados, una abierta declaración de admiración hacia la labor de Addison como autor y periodista.¹⁴ Esta última se vuelve a mencionar en el artículo «Orijen de los periódicos» que ocupa los Nos. 176 y 183.¹⁵

El título del periódico no es fortuito, en el No 1 explicita lo que representa el progreso en el mundo y su desarrollo alcanzado. Por ello se pretende «Ayudar el movimiento de rejeneración que por doquiera se deja sentir, promover el bien público en cuanto está al alcance de la prensa periódica; favorecer el desarrollo intelectual, y hacerlo estensivo a todas las clases de la sociedad.»¹⁶ Este movimiento hacia el progreso se realizará mediante la crítica de las costumbres que para Sarmiento «tiene una alta misión; depurar el lenguaje, corregir los abusos, perseguir los vicios, difundir las buenas ideas, atacar las preocupaciones que las cierran el paso, y destruyendo todos los escombros que lo pasado nos ha dejado, preparar el porvenir.»¹⁷ Esta interpretación de la crítica de las costumbres, sitúa a Sarmiento dentro de la línea neoclasicista.

La misión del escritor público es precisamente la de colaborar con su juicio constructivo a modelar las costumbres ya que: «Las costumbres i las virtudes públicas no pueden formarse ni adquirirse sino como las adquieren los individuos una por una, una tras de otra.»¹⁸ Esta reflexión acerca de la mesura con que el escritor de costumbres debe actuar semeja lo dicho antes por Addison: «Dar en pocas gotas la virtud de toda una poción.»¹⁹

Cabe ahora tratar de esclarecer cuál es el costumbrismo que se observa en *El Progreso*. El juicio de los críticos al respecto es coincidente y concluyente: Larra fue el único maestro y guía de Sarmiento. Cuesta creer que una personalidad tan rica tenga solamente un maestro. Parecería necesario revisar la crítica y puntualizar los puntos de contacto y de diferencia entre el costumbrismo de Larra y el de Sarmiento.

El punto de partida fue el artículo «Sarmiento costumbrista» de Oria, quien declaró en 1938 que Sarmiento al estudiar las costumbres chilenas aparece evidentemente «imanado por Larra» y que esta «etapa inicial» es de «imitación Larrista». Se basa en las declaraciones hechas por Sarmiento de Larra como el «único escritor español leído en América.» Luego «no valdría la pena de mencionar otros costumbristas» ya que «es no menos evidente que los demás descriptores de costumbres extranjeras bien poco influyeron en la formación de la personalidad de nuestro sanjuanino.»[20]

En 1963 Paul Verdevoye expresa: «Larra était le modéle rêvé, le guide reconnu par les jeunes dans leur quête de la réalité argentine et américaine. Grâce a lui, ils apprenaient à se connaitre, à exercer leur espirit critique, à chercher les caractères de leur nationalité naissante.»[21] Más adelante agrega, «De ce fait, Sarmiento, et Alberdi sont peut-être, dans l'Amérique de langue espagnole, le seuls fils spirituels de Figaro.»[22] Al estudiar los antecedentes costumbristas, Verdevoye menciona que se ha encontrado con algunos artículos de Addison en *El Mercurio* y *Diario de la Tarde* pero, «On ne savrait en conclure à la notorieté de cet humoriste que l'on ne revoit plus dans la presse chilienne.... Sarmiento ne le cite pas une fois.»[23]

En 1968 Noël Salomon refuta la tesis de Oria de que a partir de *Facundo* Sarmiento se emancipa de Larra, y demuestra que la presencia de Larra es todavía persistente en dicha obra. En parte Salomon repite los conceptos de Verdevoye: «Larra représente pour les jeunes écrivains argentins exilés depuis 1838 en Uruguay ou au Chili à la fois un guide et un exemple.»[24] A diferencia de Verdevoye llega a reconocer que la actitud de «spectateur impartial» de Larra tiene sus precedentes en Steele y Addison; e incluso conecta *The Spectator* con *El Observador* periódico que surge en San Juan en 1826.

Ha sido imposible encontrar dicho periódico en las bibliotecas y museos sanjuaninos. Sí se publicó para algunos en 1826, para otros en 1827 por un francés Víctor Barrau, ingeniero jefe de la Oficina Geográfica de San Juan.[25] Por el título del periódico parecería más acertado relacinarlo con los periodicos homónimos españoles *El Observador* (1787) y *El Observador* (1812).

De existir alguna conección a través de títulos entre *The Spectator* y otros periódicos en Latinoamérica se observa más con *Le Spectateur Français*, Buenos Aires 1829. El subtítulo que tuvo fue *Journal politique, commercial et litteraire*, lamentablemente no he podido acceder a este periódico.[26]

Sería inútil insistir cómo la crítica considera a Larra el único modelo costumbrista de los escritores del Cono Sur.[27] Evidentemente la admiración de Sarmiento por Larra él mismo se encargó de explicitarla una y otra vez, tanto en *El Mercurio* como en *El Progreso*. En «Raro Descubrimiento» expresa cuál es su vínculo con Larra:

> como nosotros y antes que nosotros, ha pronunciado un decreto de divorcio con lo pasado, y hecho sentir la necesidad de echarse en nuevas vías para alcanzar una

regeneración en las ideas y en la literatura, como nosotros ha declarado la incompetencia de un idioma vetusto para expresar las nuevas ideas; como nosotros en fin, ha recomendado la libertad en idioma y literatura, como en política.[28]

Sarmiento se identifica con sus ideas progresistas y liberales: ruptura con la España rutinaria y feudal, contra el idioma caduco e inexpresivo, regeneración de la literatura, libertad política y literaria. Luego Sarmiento toma de Larra—como antes lo hizo Alberdi—los iguales motivos de crítica que perviven en la mitad española de la sociedad americana. Con esto no pretendo negar la admiración de Sarmiento por Larra a quien consideró el «modelo que todos los escritores públicos, en América como en España, deben apurarse en imitar;»[29] sino—y lo especifa Sarmiento—es con el escritor público, con el periodista, con quien se siente mancomunado al compartir iguales principios proclamados a través de la prensa. Y esto es finalmente lo nuevo—que tan bien se adecuaba a las necesidades de Sarmiento—el usar el periodismo como arma de lucha contra el estancamiento, el despotismo, el atraso.

Se ha dicho que obtiene de Larra la técnica de redacción del artículo de costumbres: «Le metier de l'écrivain qui peint les moeurs pour les lecteurs d'un journal, Larra l'avait mis au point avec précision, et il semble bien que D. F. Sarmiento en ait retenu quelques recettes.»[30] Estas recetas no son originales de Larra, ya se vio cómo él las sacó del No 124 de *The Spectator*.[31] Además por las frecuentes citas de Addison en *El Progreso*, no es nada difícil que Sarmiento las haya tomado directamente.

Lorenzo Rivero señala los paralelismos entre «Fiestas de Nochebuena» (*El Mercurio*, 26 de diciembre de 1841), y «La Nochebuena de 1836» de Larra.[32] Realmente es imposible ver—excepto por el título y el encabezamiento—una similitud entre la crítica de Sarmiento a los desórdenes y desmanes cometidos por el pueblo chileno en Nochebuena, y el premonitorio sentimiento de frustración de Larra expresado a través de los reproches de su criado. Luego este crítico menciona otras semejanzas entre «Baile de Máscaras» (*El Mercurio*, 14 de febrero de 1842), y «El Album» (*El Progreso*, 12 de diciembre de 1842), y los homónimos de Larra. Nuevamente el paralelismo estriba en los títulos, además «El Album» de Larra no es original, Hendrix probó los puntos de contacto existentes con «Les Album» y «Recherches sur l'album» de Jouy.[33]

El costumbrismo de Sarmiento en *El Progreso* difiere del de Larra en varios aspectos:

a) Larra cultiva el costumbrismo de descripción de escenas y de tipos urbanos para señalar los vicios y ridiculeces de la sociedad. En Sarmientó el costumbrismo de escenas y de tipos es escaso, solamente hay dos tipos urbanos: el paquete o dandy y Chanfaina, especie de filósofo práctico. Hay otro tipo humano que es rural, el cateador, que sigue la línea del ratreador y baqueano de *Facundo*. En cuanto al costumbrismo de escenas, está ausente en los números consultados."[34]

b) Sarmiento en «Fisiolojía del paquete» y en «Apuros de un articulista», practica el costumbismo de las fisiologías—al cual me referiré más adelante—que falta en Larra.[35]

c) El costumbrismo de Sarmiento esencialmente se orienta a velar por todos los aspectos que hacen al progreso y crecimiento de una ciudad: limpieza y aseo, caminos, medios de transportes, cuidado de lugares públicos. Insistencia que ocupa gran parte del periódico y que constituye otro hito de diferencia con Larra.

d) Finalmente Sarmiento difiere esencialmente de Larra, en la conciencia de la incidencia de la mujer en la evolución de la humanidad y por ende la necesidad de su educación. Como se recordará la mujer en la obra de Larra ocupa un lugar secundario, descripta solamente como un ser falso e hipócrita.

A) *Fisiologías*

Según Paul Lacombe en el año 1840 en Francia empezó a surgir bajo el título de *Physiologie* un «genre assez original,» que llegó a convertirse en cierto momento en «une véritable épidémic.»[36]

Las fisiologías son el estudio detallado de un tipo humano u objetos, con un método y organización similar al de las ciencias naturales y médicas. Este género coincide con el auge de las ciencias naturales en el siglo XIX, que enfatizaban el análisis de los seres vegetales y animales, con espíritu de observación y de organización de las unidades internas, en un todo estructurado. A partir de esto se incorporará a la literatura términos como fisiología, patología, anatomía, tratado, teoría, para indicar el estudio de un ser u objeto de la vida diaria.

En el caso del ser humano se lo somete a un análisis fotográfico, radiográfico y genético. Importa no sólo el aspecto físico sino el síquico, su origen, vida y costumbres.

Este estudio coincide con el costumbrismo de tipos en que generalmente el ser así analizado es representativo de una clase o profesión, pero discrepa en el método empleado para el análisis. En algunos casos las fisiologías reflejaban una parodia al excesivo cientificismo puesto en boga.

Acerca de a quién le corresponde el origen de este género, las opiniones varían. Lacombe menciona tres nombres: M.L. Huart, Theódore

Burette y Jacques Arago, quienes en 1840 publicaron pequeños volúmenes ilustrados con viñetas intercaladas en el texto. Lacombe informa que el primero que usó el término con una acepción distinta de la puramente científica, fue Brillat Savarin en 1825 en su *Physiologie du goût*. Más tarde Balzac en 1830 publica *Physiologie du mariage*, que tuvo numerosas reediciones.[37] Precisamente la introducción de este género en España se hace en 1841, cuando se traduce la *Fisiología del matrimonio* de Balzac por el editor Oliveres de Barcelona. A partir de 1842 y hasta 1843 la «tarentule physiologique» azota también a España.[38]

La incorporación de las ciencias médicas a la literatura la hizo Addison con un sentido humorístico. En los números 275 y 281 realiza la disección de la cabeza de una bella y luego del corazón de una coqueta. Prácticamente sigue toda la «Anatomy of an Human Body»—como él dice—tanto para trazar las partes del cerebro como las del corazón. El procedimiento es científico aunque el objetivo es burlarse de la vacuidad de una bella, como de la ligereza emocional de la coqueta. Quizás esto pueda ser un antecedente de las fisiologías; un párrafo del No 275 de *The Spectator*, es ilustrativo:

> Yo fui invitado a la disección de la cabeza de una bella . . . pero al ajustar nuestros lentes a ella, hicimos un descubrimiento muy extraño . . . la glándula pineal, que muchos de nuestros modernos filósofos suponen que es el asiento del alma, olía fuertemente a esencia y agua de flor de naranja . . . Nosotros observamos un largo antro o cavidad en el *sincipucio*, que estaba lleno de cintas, lazos y bordados, todos dispuestos en la más curiosa pieza de red.[39]

Sarmiento bebe también la moda de las fisiologías en dos artículos de *El Progreso*. En «Fisiología del Paquete» describe al dandy, primero da su origen en Hyde Park de donde pasa a Francia y luego a Madrid. Explica las condiciones ambientales y genéticas necesarias para su nacimiento: la madre «debe tener constitución nerviosa y delicada, imperioso carácter y voluntad antojadiza y caprichosa.» Seguidamente advierte cómo criar un paquetillo, «es decir un chiquiritín que trae la organización y el órgano cerebral que indica la vocación a paquetería,» e informa del proceso de aprendizaje hasta convertirse en paquete.[40] Hay evidentemente en todo el artículo una ironía al tipo humano que está describiendo, aunque en el tratamiento del tema sigue los modelos de fisiologías.

El segundo ejemplo «Apuros de un articulista», no lo llama fisiología pero el procedimiento se reconoce. Hace el estudio del amor y sus distintas clases: platónico, semicamote y camote. Este se presenta como el

semicamote aunque sus efectos son más violentos: «hai fiebre, escalosfríos y pesadillas, poca gana de comer.»[41] Como se observa está utilizando la sintomatología médica en la descripción.
Es muy probable que la influencia de las fisiologías en Sarmiento venga directamente del francés. Precisamente entre la lista de fisiologías cultivadas en Francia, Paul Lacombe menciona *Physiologie de l'amant de coeur* (1842) de Marc Constanten, y *Physiologie des amoureux* (1841) de Et. Neufville.[42]

B) Urbanismo y educación

Como Sarmiento declara en el primer número, uno de los objetivos del periódico es «promover el bien público», esta misión se cubre con creces. Los artículos dedicados al mejoramiento de la ciudad, a lograr una convivencia humana de acuerdo con los países más civilizados, se repiten sin interrupción.

La falta de señalización de las calle y de numeración de las casas, «operación tan descuidada durante más de 16 años», los inconvenientes que acarrea, ocupa los Nos. 4, 8, 29. Llama a la municipalidad para que complete dicha obra «previendo el futuro desarrollo edilicio de la ciudad.» *El Progreso* insiste sobre esto porque, «Es preciso formar costumbres, y nosotros no perdermos la ocasión que se nos presenta de contribuir a la obra.»[43] La preocupación por la correcta señalización motivó varios ensayos de *The Tatler* y *The Spectator*. En el No 18 del primero Steele dice: «Existe un daño que he lamentado miles de veces pero que temo nunca será remediado; . . . no debería haber tantos errores como existen en las diferentes direcciones donde la exactitud es necesaria para guiar la vida.»[44]

La inquietud de Addison por «el embellecimiento de la cuidad y el arrojar la barbarie fuera de las calles,»[45] la vive igualmente Sarmiento al marcar la falta de aseo en las calles, carnicerías—verdaderos abismos con respecto a la «boucherie francesa»—y la necesidad de un Matadero Público.[46]

«Así como es un deber vituperar lo malo, también lo es el aplaudir lo bueno,» lo que hace cuando advierte las mejoras logradas por la policía.[47] Una «costumbre digna de alabanza» es la decoración de patios y balcones con flores y plantas, la ornamentación de los paseos públicos con árboles y jardines.[48] Para la propagación de «árboles vistosos» propone que en la Quinta Normal «se reproduzca por millares el aromo de Olanda, árbol del paraíso, lilas y rosa laurel», y sugiere se cambien los álamos del Paseo de la Alameda por «citrus que resisten el invierno y convertirán el lugar en un agradable paseo.»[49]

Se insiste en que «Depende esencialmente de la mejora de las costumbres, de la autoridad de ejemplo, i de la difusión de los gustos refinados i cultos que va introduciendo lentamente el contacto con los europeos.»[50]

En esta misión de reformador no solamente aconseja el cambio de escobas de pino por otras de ramas verdes, para evitar que se levante el polvo, sino que bucea en el aseo de las vajillas del hogar cuya falta de pulcritud contrasta con las «relucientes del norte de Europa.»[51]

«Los progresos de un país se reconocen en el estado de sus vias de comunicación,» opina Sarmiento en «Camino de Valparaíso», censura el estado calamitoso del actual camino, con puentes destruidos y canales de agua que obligan a los pasajeros de los birlochos a bajarse para salvar los malos tramos.[52]

El descuido del alumbrado por los funcionarios públicos, ocupa el No 195. A juzgar por su luz a Santiago, habría que «colocarlo en la escala de los más despreciables villorios.» Seguidamente da las condiciones necesarias para una buena iluminación: calidad, colocación y limpieza de las luces.[53]

Estas negligencias que estancan y detienen a Santiago se deben muchas veces a los funcionarios públicos que «creen que an llenado su cargo con acer leyes i publicarlas en un Boletín impreso en mal papal i con peor tipo.»[54]

Lo molesto que resultan los pregones de la ciudad se subraya en el sereno, cuyo constante enunciar la hora tortura al desvelado. Es curioso como una igual observación la hacía Addison, cuando se quejaba de los incómodos y sin sentido gritos que inundaban Londres: «El sonido del sereno a medianoche nos atemoriza tanto en nuestras camas, como la irrupción de un ladrón.»[55]

Para Sarmiento, «El sereno dirá lo que quiera menos la hora, que cuando va a nombrarla echa el resuello para adentro» y lo único que se escucha es la fórmula de «Ave María Purísima han dado i sereno.» Se pregunta si «será tan difícil abandonar esta práctica ridícula» de «gritos inútiles y monótonos» y «dar un simple silbo para llamar la atención i en voz natural i esforzada decir, son las diez, está sereno.»[56]

Parece que se escuchó a Sarmiento, en el No 74 se anuncia: «felizmente se ha modificado el canto del sereno,» acota que es misión del gobierno el proporcionarles vestimenta adecuada para soportar en invierno las noches de vigilia a la intemperie.[57]

Sarmiento comparte con Steele el problema del «servicio doméstico . . . asunto de alta importancia.»[58] En *The Spectator* la serie acerca de los sirvientes se inicia en el No 88 y continúa en el 97, 107, 137. Steele censura «la general corrupción del comportamiento de los sirvientes de Gran Bretaña.» Munidos de privilegios y ventajas tales como, «una abun-

dante dieta, buenos salarios e indulgente libertad,» no hay otro lugar donde «trabajen menos y además donde tan frecuentemente cambien de patrones.»[59]
Sarmiento remarca que los robos y escándalos que azotan Santiago, se deben a esta «horda de holgazanes», que sirven un día y salen al otro: «Gandules y haraganes por naturaleza, desconocen la moral y el orden, y abandonadose a sus inclinaciones, antes que vivir como hombres de bien, quieren vagar de casa en casa.»[60] El mismo mal se produce en Londres: «A ellos yo atribuyo, en gran medida, los frecuentes robos y quebrantos que sufrimos en los caminos y en nuestros propios hogares.»[61]
Ambos puntualizan sus ingratitudes con los amos y cómo están prestos a revelar intimidades de los hogares donde viven. Ambos coinciden en la necesidad de un reglamento que establezca el servicio doméstico.[62] En *El Progreso* se dan finalmente nueve artículos «que constituirán la base para regular el servicio.»[63] En *The Spectator*, sección de avisos, se anuncia: «El Deber de los Sirvientes: contiene, I. Su preparación, y elección del servicio. II. Sus obligaciones en el servicio junto con oraciones adecuadas a cada deber. Todo será así proporcionado, en su mayor parte, a aprendices.»[64]
En este objetivo de progreso Sarmiento no olvida ni omite nada. Oye y apoya las quejas de los comerciantes para que les permitan sacar los cajones vacíos a la acera; de este modo los carpinteros que necesiten madera pueden obtenerla fácilmente.[65] Siendo Santiago la ciudad que consume más «nieve» y habiendo una sola «nievería», sería recomendable que el vendedor extendiera su horario más allá de las nueve de la noche.[66]
Se pronuncia en contra de los garitos de juego donde el artesano va a «depositar el prez de su trabajo» y cuyos contínuos desórdenes interrumpen la tranquilidad de la noche.[67] Se queja del pésimo estado de los correos, de la detención y retardo del servicio, de la poca capacidad de las valijas que transportan la correspondencia entre Valparaíso y Santiago.[68] En su interés por la «prosperidad nacional» delata la gran cantidad de robos nocturnos—«mal grave» que atañe directamente a la Policía—y explicita una vez más su misión de periodista:

> Además si los escritores públicos se callan, si entre cumplir la primera de sus obligaciones y el temor de ofender a determinadas personas, vacilan y cohonestan los desvíos de los funcionarios en vez de recordarles su responsabilidad, ¿cuál es entonces la misión del escritor público?, ¿cuáles sus compromisos, y cuál el medio de llenarlas?.[69]

El proyecto de restablecer las procesiones de Semana Santa tiene la más acre acogida. Las procesiones son un «verdadero anacronismo, sin resultados, y sin otra importancia que la de una mascarada religiosa.»[70] No se debe confundir el sentimiento religioso con las formas que en otros tiempos servían para manifestar la religiosidad.

En el No 242 defiende la necesidad de una Biblioteca Nacional: «Una ciudad como Santiago, capital de la República . . . necesita una biblioteca» con libros «que marcan los pasos que el entendimiento ha dado en los países adelantados como la Francia, la Inglaterra, la Alemania.» La Biblioteca debe también contener «los principales periódicos y revistas que son los panoramas en que mas perfectamente se refleja el espíritu de una sociedad.»[71]

El cese de las actividades de la Sociedad Filarmónica—«por la excentricidad de nuestras costumbres, por la falta de gusto por la música en todas sus aplicaciones, por la falta de ideas»—abarca al No 225; no será precisamente la sociedad doméstica quien la reemplazará. «El espíritu de sociabilidad» está deteriorado por «un exceso de estiramiento aristocrático feudal.» Esto es nada más que «la expresión de costumbres atrasadas, y el recuerdo de tiempo de odiosidades y de pasiones mezquinas, es un principio de inmovilidad y de retroceso.»[72]

En el No 946 «Baño para los pobres» se marca la necesidad del aseo en el proletario y roto. Este último no puede acceder a ello debido a la carencia de medios. Se alaba la iniciativa del gobierno de Londres según el periódico *Sun*, de proporcionar baños públicos a los pobres: «Se vería con gusto que en el país se haga una obra parecida.»[73]

En la sección de avisos nos enteramos de noticias que hacen a la marcha y desarrollo de Santiago. Así el funcionamiento de la primera diligencia el 21 de noviembre de 1842: horarios, recorrido, precio y mínimo de dos personas por viaje.[74]

La crítica no se centra únicamente en la Municipalidad y Policía, sino alcanza también a los médicos y boticarios que «se acen los dormidos o enfermos cuando se les pide auxilio después de las 11 de la noche.»[75]

Le alarma a Sarmiento el estado feudal de la agricultura. La falta de herramientas para trabajar—debido a la pobreza e ignorancia—se deja ver en el estancamiento de la agricultura. Propone la creación de los Montes de Piedad, «especies de bancos en que se anticipa, mediante un bajo interés, las cantidades que momentáneamente necesita el agricultor pobre, y se le provee además de las herramientas y otros utensilios necesarios para sus ocupaciones.»[76] Explica el modo de su funcionamiento, las personas que deberían estar a su cargo y su distribución en cada cabecera de provincia o de departamento.

En iguales condiciones se encuentra el hilado de ponchos, jergas y alfombras, el cardado se hace a mano y el hilado con la rueca. Esta industria practicada exclusivamente por gente pobre debe ser fomentada, se les tiene que proporcionar los instrumentos para que ahorren tiempo y trabajo.[77]

Como lo hicieron antes los ensayistas ingleses, Sarmiento también advierte que «la base de toda reforma, de toda mejora social» es la educación.[78] Los artículos «Sobre la Educación» de Augusto Desrer ocupan los Nos. 69, 75, 81, 82 y 83. Los conceptos vertidos están dirigidos a los progenitores para que enmienden los errores más comunes. El padre sólo piensa en «el rango, en la posición, en las ventajas que esta instrucción le ofrecerá; olvida al niño y ve al hombre hecho.»[79]

Tanto Addison y Steele se refieren una y otra vez a este «inadecuado método, sin genio ni espíritu, usado en la educación de los jóvenes.» Steele agrega, «Pero esto es un efecto natural de cierta vanidad en la mente de los padres; quienes están fantásticamente complacidos con el pensamiento de educar sus hijos con adornos que no significan nada.»[80]

La madre que sólo se preocupa de los talentos que la hija debe adquirir y en los resultados de estos talentos a su entrada en el mundo social, con olvido del cultivo del espíritu, fue registrada en *The Spectator* y *El Pensador*.[81] «La educación pues debe realmente empezar con la infancia,»[82] reitera *El Progreso* ya que «los hombres expían en la edad madura las funestas habitudes contraídas en la infancia.»[83]

Al respecto *The Spectator* dice: «Lo que me esforzaré en inculcar es que nunca será demasiado pronto para nuestra juventud la enseñanza de los principios de la virtud, ya que las primeras impresiones en la mente son siempre las más fuertes.»[84] Ambos periódicos se manifiestan en contra de los padres quienes por vanidad desconocen las aptitudes y gustos de los hijos.

Se podría decir con mas verdad, que los padres son inclinados a una culpable indiferencia que los hace descuidar el estudio del corazón de sus hijos.[85]

En vez de adaptar los estudios a la naturaleza particular del joven, esperamos del joven que él adapte su naturaleza a los estudios.[86]

Es deber de los padres el encaminarlos y guiarlos, «Y no creer en la calumnia de que los niños están naturalmente inclinados al mal.»[87] Atender paralelamente las necesidades del cuerpo y las facultades del alma.

Se debe evitar que el niño prolongue palabras que pertenecen al vocabulario de las nodrizas y además que se les «cuente historias de duendes y aparecidos.»[88] Con relación a esto último Addison expresa:

«Si fuera padre, tomaría un cuidado especial en proteger a mis hijos de esos pequeños horrores de la imaginación, que son fáciles de contraer cuando son jóvenes, y no pueden desligarse de ellos cuando son mayores.»[89]

Los padres deben emancipar a sus hijos desde la edad más tierna, para que aprendan a hacer uso de su inteligencia y voluntad.[90] No hacer delante de ellos nada que no sea justo y razonable, ya que el «ejemplo es un maestro poderoso» y «todo plan de educación se compromete, si el niño se apercibe que vuestras acciones desmienten vuestras palabras.»[91]

El castigo corporal a los niños practicado por gente de letras es inaceptable: «Boticarios, clero, estudiantes, artesanos, abogados, médicos. Maestros de primeras letras: todavía hay algunos que castigan a los niños.»[92] The Spectator acota algo semejante: «Ser educado como un caballero y castigado como un malefactor evidencia una imprudente falta de cultura, como así vemos a veces en los hombres de letras.»[93]

En esta labor de censor que a veces parece «predicar en desiertos»—como la vivió antes Alberdi—Sarmiento no desfallece y se auxilia con consejos morales de otros autores: «La mejor verdad moral que se puede decir es practicarla»[94] o «El que cuenta diez amigos, no tiene uno solo.»[95]

El periódico ofrece además un importante material crítico de las representaciones teatrales del momento y da a conocer obras de Alejandro Dumas, George Sand, Víctor Hugo, Byron y otros.

C) *Concepto y situación de la mujer*

Mientras el tema del hombre, de sus vicios y ridiculeces como lo trataron los costumbristas anteriores está casi ausente, no sucede lo mismo con el de la mujer quien tiene una presencia corpórea. Es al mismo tiempo actuante y principal receptor de las nuevas ideas de progreso y emancipación.

Es actuante en la serie de cinco cartas cruzadas entre Rosa y Emilia. Este artificio de redacción tal cual aparece aquí solamente se vio en *The Tatler* y más tarde en *La Argentina*. Es el de la mujer que colabora en el periódico para hablar de «asuntos puramente nuestros, de nuestro dominio,» con la seguridad del «apoyo» de su «propio sexo» y la «aprobación de parte de aquellos que saben justamente apreciar esta clase de tareas . . . sin perjuicio de las pequeñas atenciones que nos son privativamente peculiares.»[96]

El rol de la mujer periodista que escribe sobre su propio sexo lo inicia Jenny, la hermana de Isaac Bickerstaff, en *The Tatler*. En el No 10 ella se presenta y dice que redactará «el despacho de los próximos con-

sejos desde el hogar, con la libertad de hablar a mi modo, no dudando de las concesiones que se le otorgarán a un escritor de mi sexo.»[97]
El contenido de las cartas de *El Progreso* es en gran parte el reflejo de «conversaciones tan entretenidas» que insumen «tantas horas continuas» entre las mujeres.[98] Jenny también siente la necesidad de disculparse porque esencialmente hablará de temas femeninos: «Es tan natural para las mujeres hablar de sí mismas, que es de esperar, por lo menos que mi propio sexo me perdone de no poder caer en otro tema.»[99] Este artificio tiene en *El Progreso* el mismo objetivo, el de contar «entre sus colaboradores a personas que le darán un doble interés, alguna novedad, y quien sabe si no le granjearán también algún suscritorcillo más.»[100]
De las cinco cartas cuatro son de Rosa y una de Emilia. En las dos primeras de Rosa se describe un concierto de aficionados. Paralelamente se señala el escaso gusto de los hombres por la música, quienes sólo se concentran en la literatura. La segunda carta está esencialmente dedicada a informar sobre la función lírico dramática, lo que se ejecutó y actuación de los solistas. En las tres últimas, la crítica es más aguda y audaz; corresponden a la única de Emilia, que contiene en parte los conceptos transcriptos arriba acerca de la mujer colaboradora del periódico, y las otras dos a Rosa. Hay una diferencia entre estas cartas y las primeras, el tono ligero es el mismo pero en las postreras subyace una intencionalidad por reflejar los principales problemas de la mujer, su superficialidad, su falta de educación, su actitud en el matrimonio. A creer las declaraciones hechas por *El Progreso* solamante pertenecen a la redacción las tres últimas. Esto niega la paternidad de Sarmiento sobre las dos primeras cartas de Rosa, consideradas tradicionalmente por la crítica y en la edición de sus *Obras Completas* como de él.

Creo que puede ser esclarecedor detenerme en dichas declaraciones. En el No 46 bajo el título «Reparación de un daño», se publica una «Aclaración de *El Progreso* ante la confusión creada en el público acerca de las autoras de las cuatro cartas publicadas.» Frente «al fallo ciego de los habladores» que han «designado a una señorita respetable» como autora de dichas cartas, declararán la verdad «desmintiendo las atribuciones que a este respecto se han hecho . . . Cuatro cartas han aparecido firmadas por una señorita Rosa en el *Progreso*. De ellas, las dos primeras son las únicas que no pertenecen a los R. R.» Con respecto a la tercera carta de Rosa (No 42), «de un carácter bastante diverso del que tienen sus hermanas mayores. En ella la crítica es más audaz, y por fútiles que sean las formas de que está vertida se deja sentir un escritor y no una escritora, cosa mui fácil de conocer por el arrojo de las ideas y por la independencia de la posición del que escribe.» Habiendo quedado desvelado el misterio, no hablarán más «de bailes y de paseos y de teatros . . . sino cuando lo juzguemos del caso.»[101]

Parece que evidentemente se señaló a alguien como posible autor de las cartas, ya que en la tercera de Rosa comenta el «clamor general» que las cartas han producido y cómo «las malas lenguas . . . fueron a desenterrar una pobre niña para colgarle la carta.» Ante tal confusión acarreada por las cartas Rosa se congratula: «Esto es lo que se llama saber escribir . . . el *Progreso* ha tenido la maña de sublevar hasta las piedras en su contra.»[102] Aquí Rosa implícitamente se declara colaboradora de *El Progreso*, situación que no se manifiesta en las dos primeras, es decir el artificio de la mujer periodista se elabora a partir de la tercera carta.

Comentaré el contenido de las tres últimas, ya que por lo puntualizado las primeras ofrecen poco interés. En la carta de Emilia a Rosa se presenta la situación de la mujer obligada a vivir «en completa abnegación de cuanto puede ser de un interés verdadero i positivo.» La mujer alejada del curso de la vida se alimenta «de quimeras sin realidad,» alude a la condición romántica y de ensoñación en que la mujer consume sus días. Termina acotando la falta de libertad que tiene para elegir su compañero, «y hasta el único acontecimiento serio en que pudiéramos meditar, casi nunca depende de nosotras, el prepararnoslo conforme a nuestros deseos.»[103]

Por ser estos temas ya marcados en el capítulo sobre *The Tatler* y *The Spectator*, omitiré las citas en inglés que aparecerán solamente en rubros no cotejados antes; Sarmiento aquí está siguiendo la ideología expuesta por ambos. El tema de los padres que deciden sobre el matrimonio de los hijos, vuelve a surgir en la tercera carta de Rosa. Al comentar la comedia vista «de la judía y el cardenal esqueleto,» enfatiza la bondad del padre que aceptó la voluntad de su hija de casarse con un cristiano, «Y no como el perro viejo de tu padre que no quiso dejarte casar con M. que te quería tanto . . . Si a mí me quieren impedir que me case con quien tú sabes, tengo ya mi partido tomado; y veremos quien es más testaruda.»[104] Sobre este tema Steele expresó: «Yo he siempre admirado la barbaridad de los padres, que tan frecuentemente interponen su autoridad en este gran asunto de la vida.»[105]

Las cartas critican las actividades sociales de la mujer. Las reuniones o tertulias monótonas, repetitivas en los temas de conversación, donde «cada uno de los interlocutores se esfuerza más a estar sobre sí para no desmentir la idea favorable que de sí propio desea imprimir.»[106] Esta vez Emilia le describe a Rosa «una de las pocas excepciones de su género,» que se salvó del tedio de las usuales. «Se habló de varias materias» y una pareja jugaba al ajedrez que «se ha hecho una entretención de buen tono» y un «complemento a nuestra educación.» Espera que las mujeres «no descuiden del todo los demás recursos del arte de agradar, como la música, el canto, el baile, etc. por fijarse en este pasatiempo.» Implícitamente se censura a la mujer que sólo se preocupa del «arte de agradar» por medio de los tradicionales estudios decorativos, que logran «el mismo imperio sobre los hombres . . . la misma fascinación en sus sentidos.» No obstante, parece que este entrenamiento tiene sus frutos ya que «la hermosura ha nacido para triunfar hasta de la estupidez, que está averiguado ser la masa más compacta y menos susceptible de admitir impresiones.»[107]

Este final muy sarmientino del excluyente imperio de la hermosura en la mujer, se conecta con el problema de su educación y de su posición en la sociedad. Emilia se lamenta, «Víctimas de nuestra educación, de los hombres, de la sociedad y del que dirán, vivimos forzadas a combatir o a encubrir nuestros sentimientos, y aun asímismo, todavía se nos hecha en cara el rol ficcioso que se nos obliga a desempeñar.»[108]

En la tercera carta, Rosa le cuenta a su amiga las últimas actividades sociales de Santiago: un baile de suscripción, la comedia, la misa de Nochebuena, que proporcionan un sabroso material. Hay un fuerte tono antisemita: en la casa de Manuelita comieron pavo que «ha ocupado el lugar del cordero pascual,» que «tomaban los perros judíos la noche de pascua.» En la comedia del lunes se mostró la «tolerancia de cultos», ya que «los judíos comieron delante de todos el cordero pascual,» pero «lo mejor de la pieza» fue «que los judíos fueron quemados . . . estuvo mui linda la hoguera.»[109]

En la descripción del paseo de la Alameda, unos argentinos desaprueban la afición femenina de usar vestidos costosos y nuevos cada vez que salen: «Aquí salen al paseo con vestidos de baile . . . Sólo las mujeres vulgares llevan ese lujo chocante . . . la que no tiene un vestido nuevo para cada día . . . no sale de su casa.»[110] La mujer chilena debería saber que en Francia «va la gente de más tono con trajes sencillos y pocos costosos.»

El recurso de la crítica de las costumbres a través de ojos extranjeros que otorga un mayor perspectivismo, lo usó Addison con el indio iroqués que describe las costumbres inglesas. Artificio luego repetido—como se vio—en Clavijo y Fajardo.[111] Este procedimiento muere en los costumbristas españoles del siglo XIX, Larra y Mesonero una y otra vez, repiten estar escribiendo para corregir la visión distorsionada de España dada por los extranjeros.

La carta de Rosa continúa dando los detalles del baile de suscripción y la descripción de los atuendos de las damas; finaliza comentando los «ligeros errores» de las jóvenes que se comprometen a bailar la misma pieza con más de uno, como le sucedió a ella solamente por tener «mala memoria.» Debilidad en la mujer igualmente censurada por Alberdi en La Moda.

En el No 45 se publica la última carta de Rosa, es en gran parte la reseña del figurín de modas de *El Progreso*, nueva sección dedicada exclusivamente a la mujer. Este figurín anunciado en el No 31, saldrá todos los meses y hablará de modas, «su explicación y demás cosas necesarias» porque «¿Para qué se desvive una niña remudando vestidos y galas, si no es para que ellos caigan mejor en el garlito?.»[112] El figurín tiene un sentido figurado, el escrupuloso detenerse en todos los detalles del vestido según la edad y estado de la mujer, encierra una crítica. Rosa se lo dice así a Emilia: «si quieres considerar el figurín como un escrito, no vayas a tragártelo que está en latín, que es castellano del Progreso, que ya sabes que necesita de buenas entendederas.» El «Traje de Paseo. Para señoras casadas i que soportan con resignación i sin fastidiarse la pesada carga del matrimonio,» lleva un nudo «para que tengan siempre a la vista el lazo i el nudo que las ata,» puede ser de «seda escurridiza i arrasada» que al aflojarse les permite «andar sueltas por algunos ratos.» En lo concerniente al vestido dentro de casa «de cualquier modo se anda . . . Los vestidos más *peluconcitos,* más pasaditos . . . Guarda tus mejores prendas de equipaje para los días de parada.»[113] Hay una doble connotación, por un lado cómo la mujer casada descuida su arreglo personal cuando está en el hogar, observación que hizo Steele en *The Tatler*: «tales buenas amas de casa que nunca están bien vestidas sino cuando salen, y creen que tienen que aparecer a todos los hombres vivientes más agradables, que a sus esposos.»[114]

La segunda intención del párrafo es política y se clarifica luego: «Todavía no hemos adoptado modas especiales para dentro de casa, por lo que hay completa tolerancia de vestidos, fusión de todos los partidos, aunque, como en nuestra sociedad en general, dominan las formas retrógradas.»[115] La moda está sirviendo aquí para reflejar la situación de estancamiento y confusión ideológica del país. El usar el tema de la moda para acusar la situación política del momento, lo hizo Larra en su artículo «Modas».[116] Solamente en este aspecto veo semejanza entre las cartas de Sarmiento y Larra.

Rosa prosigue informando ahora sobre el mejor vestido para las señoritas solteras: de muselina con «colores alegres y fantásticos, como sus proyectos de dicha futura, vagos como su deseos, i poco notables como sus pensamientos.» Y al lado de la ironía a la ensoñación de la mujer está el consejo del hombre ilustrado: «debe mostrarse siempre sencilla y poco costosa en sus atavíos, a la par que elegante y graciosa en las formas.»[117] El buen gusto y la economía es la moda, eludir deleites caros ya que al casarse «la cosa muda de especie,» preferir la manga larga que tiene la ventaja de evitar «echar al tráfico y rose diario los brazos que tienen que servirnos toda la vida.»

«La última y postrimera picardía que ha inventado la moda» es «el schal» que como el abanico, «se presta a mil juegos inocentes.» En cuanto al peinado, Rosa se esfuerza en explicarle la ubicación del «moño... entre el cerebelo i el cerebro... en marcha desde el tustus, que es la parte más retrógrada de la cabeza de una mujer hacia el occiput.»[118] Repárese en la terminología de la anatomía que acentúa la sátira. Estas cartas aparentemente frívolas están llenas de máximas y advertencias para la mujer. No es la moda en sí el objetivo de las mismas sino como lo dijo antes, el «cebo» que atraerá a las mujeres y que lleva encubierto un propósito: que la mujer se valore a sí misma, que aprenda a integrarse en una sociedad no solamente por sus actividades sociales, sino por el cultivo de su espíritu y raciocinio. El estado actual de la mujer «con sus pequeñas devociones, su moral de colegio, sus talentos mecánicos... su ignorancia de todas las cosas» es un problema que concierne a los hombres y a la sociedad.[119] Todavía no se comprende la absoluta necesidad de educar a la mujer, todavía «hoy la inmensa multitud de madres de familia que preparan esas masas populares de que depende la industria y la moralidad de la nación, viven en la más completa barbarie.»[120]

La preocupación de Sarmiento por la educación de la mujer es anterior a *El Progreso*. En 1839 él funda en San Juan el Colegio de Pensionistas de Santa Rosa para mujeres; el discurso inaugural se reproduce en el No 1 de *El Zonda*.[121] Aquí Sarmiento dijo que el Colegio de Pensionistas «se ha propuesto hacer que la muger sanjuanina corra la linea de su elevación y de su felicidad.» La falta de «un sistema de educación» lo lleva a «señalar las causas del mal estado social de nuestras jóvenes.» Entre ellas, la condición degradante y gótica de «nuestras costumbres.»

> Yo os llamo la atención sobre las costumbres, porque la mujer para mejorar su condición social, tiene necesidad de costumbres nuevas; y como el soberano de las costumbres es la muger misma, ella no podrá formarlas sin tener antes una educación nueva.[122]

Están en *El Zonda* las principales ideas feministas de Sarmiento: a) la mujer hace las costumbres; b) necesidad de que la mujer se eduque para que cree nuevas costumbres. En consecuencia Sarmiento comparte con Steele y Addison la urgencia de que la mujer lea y se instruya, que deje de considerar que los libros y periódicos son solamente para los hombres, que deje de ser un «apéndice del hombre, y sólo un mueble de casa.»[123]

La educación debe empezar en el regazo materno «para que desde allí, desde las manos de la nodriza, se vaya formado el hombre,» y de este modo se colabore con la impartida luego en las escuelas. Es la educación doméstica «la única real y positiva,» la que debe habituarla «al cumplimiento de los deberes que la religión y la sociedad le imponen.»[124] La sociedad, los gobiernos, deben derramar estas ideas y ofrecerlas en libros para las mujeres. Ellas «deben recibir las ideas que han sido ya traducidas en hechos y que están fuera del resorte de la discusión. La mujer ha nacido para creer, y no para dudar, ni investigar . . . es impotente para abrazar las verdades abstractas, la incertidumbre y la duda.»[125] Para Sarmiento entonces la mente de la mujer es inferior a la del hombre: «A una muger no se le debe presentar jamás la duda, por que no concibe siquiera que se pueda dudar.»[126]

Advierte—como antes lo hizo Alberdi—que la deficiente educación ha convertido a la mujer en lo que es y que es deber de la sociedad el prepararla e instruirla para que forme «el corazón y las costumbres de los hombres.» Al mismo tiempo asienta que la mujer por su condición no puede acceder a estas ideas ya que «no piensa, sino que practica.»[127]

Responde a todo lo expuesto que *El Progreso* cumpla la misión social de enseñar a la mujer los pasos necesarios a dar en lo que concierne a la higiene de la infancia. Prácticamente en los Nos. 172 y 179, se da una completa lección de pediatría, los cuidados con el bebé, condiciones necesarias de higiene, lactancia artificial.[128]

Como creo ha quedado demostrado, el costumbrismo de Sarmiento difiere bastante del de Larra. Sarmiento se acerca más a Addison en su misión de «driving Barbarity out of our Streets,» en este intento cubre todos los aspectos de la cultura que evidencian retroceso, que obstaculizan el progreso y la civilización. Su costumbrismo se integra más dentro del racionalismo crítico ilustrado, la variedad de problemas que aborda se encamina a lograr el bien común y a transformar la realidad de acuerdo a las nuevas formas sociales de los países más desarrollados.

NOTAS

1— LA MODA
2— EL INICIADOR

1. *La Moda Gacetín Semanal de Música de Poesía de Literatura de Costumbres 1837*, prólogo y notas José A. Oria (Bs. As. Kraft, 1938).
2. Oria en el prólogo de la edición citada hace un estudio exhaustivo de los ejemplares existentes y de los colaboradores.
3. No 1, 77.
4. No 9, 124.
5. «Figarrillo en el púlpito», No 21, 200.
6. «Mi nombre y mi plan», No 5, 100, el subrayado es mío.

7. No 1, 77.
8. *The Spectator*, I, No 10, 46.
9. *La Moda*, No 17, 169.
10. *The Tatler*, No 248, 437.
11. Vid. p. 20 y sgtes. del presente trabajo.
12. Oria en el Prólogo a *La Moda* dice: «¿Quién que no es romántico? dijo el poeta, y los redactores del Gacetín son románticos aunque no lo sepan, aunque no quieran serlo», 55.
13. «Literatura. Obras de Federico Schlegel», No 8; también cuando critica el acto primero de *Hernani* en «Bellezas de Victor Hugo», «Yo me levanto contra la tendencia social del este trozo . . . Es menester que el amor, para ser tal, sea ciego, caprichoso, irracional, imprudente, estúpido», No 21, 199.
14. «Trece de abril», No 22, 201.
15. *La Moda*, Prólogo, 40.
16. No 3, 90.
17. Oria, Prólogo a *La Moda*, 38.
18. No 3, 90.
19. No 18, 177.
20. ibid. 177-78.
21. No 23, 207.
22. ibid.
23. *El Iniciador*, Montevideo 1839, prólogo Mariano de Vedia y Mitre (Bs. As.: Kraft, 1941), «Figarillo en Montevideo», I, No 9, 199.
24. *La Moda*, «Figarillo en el púlpito», No 21, 200.
25. José Escobar, *Los orígenes de la obra de Larra*, demuestra que el «ideal literario es todavía plenamente neoclásico», 44 y sgtes.
26. *La Moda*, No 4, 95.
27. Luis Lorenzo Rivero, *Larra y Sarmiento*, 97 y sgtes; Cfr. Paul Verdevoye, *Domingo Faustino Sarmiento, Educateur et Publiciste* (Paris: Institut Des Hautes Etudes de L'Amerique Latine, 1963), 89 y sgtes.; Osvaldo Alvarez Guerrero, «Larra e Hispanoamérica», «Desde *La Moda*, Alberdi se mostró directa y reconocidamente influido por Larra», 233.
28. *La Moda*, No 5, 101.
29. No 3, 88.
30. No 18, 175.
31. ibid.
32. No 7, 114.
33. No 12, 139.
34. No 9, 121-22.
35. No 19, 186.
36. «Women were formed to temper Mankind, and sooth them into Tenderness and Compassion.» *The Spectator*, I, No 57, 242.
37. *La Moda*, No 19, 186.
38. «For as the being enamour'd with a Woman of Sense and Virtue is an Improvement to a Man's Understanding and Morals, and the Passion is ennobled by the Object which inspires it.» *The Spectator*, I, No 53, 225.
39. *La Moda*, No 19, 186.
40. *The Spectator*, I, No 33, 137.
41. *La Moda*, No 20, 191.
42. No 3, 89.
43. ibid.
44. No 3, 87.
45. No 1, 80.
46. No 9, 123.
47. ibid.
48. No 13, 144.
49. No 15, 157.

50. No 19, 182.
51. «Violent Gesture and Vociferation naturally shake the Hearts of the Ignorant, and fill them with a kind of Religious Horror.» *The Spectator,* III, No 407, 521.
52. *La Moda,* No 4, 93.
53. *Revue Britannique, ou Choix D'Articles Traduits des meilleurs écrits périodiques de la Grande Bretagnne* (Paris: A La Librairie, 1838), «Moeurs Anglaises. Un concert burgueosis» julio 1829, 100.
54. *La Moda,* No 18, 180.
55. No 15, 158.
56. *Revue Britannique,*» «Le Spéculateur», setiembre 1830, 328-333.
57. *La Moda,* No 4, 95.
58. *El Iniciador,* Montevideo 1839, prólogo Mariano de Vedia y Mitre (Bs. As.: Kraft, 1941).
59. II, No 4, 85.
60. I, No 1, 1-2.
61. I, No 5, 98.
62. I, No 1, 18.
63. I, No 8, 165.
64. I, No 1, 3.
65. «Mis visitas», I, No 3, 57; «Educación», I, No 5, 102.
66. «Sociabilidad. Costumbres», I, No 12, 255.
67. «Modas», I, No 3, 53.
68. «Mis visitas», I, No 4, 78.
69. «Los Primos», I, No 3, 53.
70. «La cartera de F.», I, No 7, 143.
71. I, No 10, 220.
72. I, No 9, 188.
73. I, No 1, 22.
74. *Revue Britannique,* «Le Spéculateur», 328.
75. *El Iniciador,* I, No 2, 33.
76. «Old Men's overbearing the strongest Sense of their Juniors by the meer Force of Seniority; so that for a young Man in the Bloom of Life and Vigour of Age to give a reasonable Contradiction to his Elders, is esteemed an unpardonable Insolence, and regarded as a reversing the Decrees of Nation.» *The Spectator,* III, No 336, 243.

3— EL PROGRESO

1. *El Progreso Diario Comercial Político y Literario,* Santiago de Chile, noviembre de 1842 a diciembre de 1845.
2. Prospecto, No 1, 10 nov. 1842.
3. Comentario de la polémica entre *The British Packet* y *Britannia* de Montevideo, acerca del probable ataque de Paz a Rosas, No 21, 3, dic. 1842; «Navegación del aire» de *The British Packet,* No 235, 21 agosto 1843.
4. *Catálogo de Periódicos Sudamericanos,* prólogo de Alberto Palcos (La Plata: Biblioteca de la Univ. de La Plata, 1934).
5. *El Progreso,* No 144, 2 mayo 1843; No 153, 12 mayo 1843; No 904, 7 octubre 1845.
6. No 806, 13 junio 1845.
7. No 902, 4 octubre 1845; No 905, 8 oct. 1845.
8. No 908, 11 oct. 1845.
9. No 1, 10 nov. 1842.
10. ibid.
11. No 31, 16 dic. 1842.

12. No 1, 10 nov. 1842.
13. No 54, 13 enero 1843.
14. No 60, 20 enero 1843.
15. No 176, 9 junio 1843.
16. No 1, 10 nov. 1842.
17. D.F. Sarmiento, *Obras Completas*, vols. I, II (Bs. As.: Luz del Día, 1948), «La Crítica Teatral», I, 150.
18. *El Progreso*, No 845, 29 julio, 1845.
19. «Give the Virtue of a full Draught in a few Drops.» *The Spectator*, I, No 124, 506.
20. José A. Oria, «Sarmiento costumbrista», *Humanidades*, 26 (1938), 43-45.
21. Paul Verdevoye, *Domingo Faustino Sarmiento*, 90.
22. P. Verdevoye, 92.
23. P. Verdevoye, 102.
24. Noël Salomon, «A propos des éléments 'costumbristas' dans le *Facundo* de D. F. Sarmiento», *Bulletin Hispanique,*, 70, (juillet-décembre 1968), 348.
25. César Guerrero, *Efemérides Sanjuaninas 1562-1944*, (San Juan: Archivo Histórico Administrativo, 1961), da como fecha de creación 1826; Rogelio Díaz, «Síntesis Histórico Cronológica del Periodismo de la Provincia de San Juan 1825-1937», *Anales del Primer Congreso de Historia de Cuyo*, II (Bs. As.: La Facultad, 1937), da como fecha 1827.
26. C. Galván Moreno, *El Periodismo Argentino* (Bs. As: Claridad, 1944), informa que sólo tuvo 23 números, sospecho debe haber tenido más: el *Diario de la Tarde* en los Nos. 2027, 2030, 2034 del año 1838, lo cita como fuente contemporánea.
27. A título informativo se puede citar: Lorenzo Rivero, *Larra y Sarmiento [Sarmiento]* «convirtió a Fígaro en su autoridad intelectual y en su autor de consulta», 99; Ezequiel Martínez Estrada, *Sarmiento*, (Bs. As.: Sudamericana, 1969), «Sarmiento aprendió en Larra, y Larra era como él un español liberado de lo español», 166.
28. Sarmiento, *Obras Completas*, «Raro Descubrimiento», I, 251.
29. Sarmiento, *Obras Completas*, I, 233.
30. N. Salomon, «A propos», 363.
31. Vid. p. 66 del presente trabajo.
32. Lorenzo Rivero, *Larra y Sarmiento*, 103.
33. Hendrix, «Notes on Jouy's Influence on Larra», 39.'
34. Las colecciones consultadas tanto en el Museo Mitre como en la Biblioteca de la Universidad de La Plata, están incompletas.
35. *El Progreso*, No 4, 14 nov. 1842; No 16, 28 nov. 1842.
36. Paul Lacombe, *Bibliographie Parisienne*, 122.
37. Paul Lacombe, *Bibliographie Parisienne*, 129.
38. M. Ucelay Da Cal, *Los españoles*, da una lista de las fisiologías aparecidas en España, 100.
39. «I was invited, methought, to the Dissection of Beau's Head . . . but, upon applying our Glasses to it, we made a very odd Discovery . . . The *Pineal Gland*, which many of our Modern Philosophers suppose to be the Seat of the Soul, smelt very strong of Essence and Orange-Flower Water . . . We observed a large Antrum or Cavity in the *Sinciput*, that was filled with Ribbons, Lace and Embroidery, wrought together in a most curious Piece of Network.» *The Spectator*, II, No 275, 570-71.
40. *El Progreso*, No 4, 14 nov. 1842; No 5, 15 nov. 1842.
41. No 16, 28 nov. 1842.
42. Paul Lacombe, *Bibliographie Parisienne*, 123.
43. *El Progreso*, No 29, 14 dic. 1842; No 4, 14 nov. 1842; No 8, 18 nov. 1842.
44. «There is an offence I have a thousand times lamented, but fear I shall never see remedied; . . . there should be so many gross errors as there are in the very directions of things wherein accuracy is necessary for the conduct of life.» *The Tatler*, No 18, 41.
45. «the Embellishment of the City, and to the driving Barbarity out of our Streets.» *The Spectator*, I, No 28, 115.
46. *El Progreso*, No 820, 28 junio 1845.

47. No 87, 21 feb. 1843.
48. No 35, 21 dic. 1842.
49. No 820, 28 junio 1845, No 79, 11 feb. 1843.
50. No 820, 28 junio 1845.
51. ibid.; No 35, 21 dic. 1842.
52. No 84, 17 feb. 1843.
53. No 195, 4 julio 1843.
54. No 845, 29 julio 1845.
55. «The Watchman's Thump as Midnight startles us in our Beds, as much as the breaking in of a Thief.» *The Spectator*, II, No 251, 475.
56. *El Progreso*, No 26, 10 dic. 1842.
57. No 74, 6 feb. 1843.
58. No 209, 20 julio 1843.
59. *The Spectator*, I, No 88, 372-73.
60. *El Progreso*, No 209, 20 julio 1843.
61. «To this I attribute, in a great Measure, the frequent Robberies and Losses which we suffer in the high Road and in our own Houses.» *The Spectator*, I, No 88, 373.
62. *El Progreso*, No 213, 25 julio 1843; *The Spectator*, I, No 88, 374.
63. *El Progreso*, No. 215, 27 julio 1843.
64. «The Duty of Servants: Containing, I. Their Preparations, for, an Choice of a Service. II. Their Duty in Service; Together with Prayers suited to each Duty. All which may be accommodated like wise, for the most Part, to Apprentices.» *The Spectator*, I, No 88, 372 (cita 3).
65. *El Progreso*, No 8, 18 nov. 1842.
66. No 35, 21 dic. 1842.
67. No 145, 9 mayo 1843.
68. No 205, 15 julio 1843.
69. No 152, 11 mayo 1843.
70. No 106, 15 marzo 1843.
71. No 242, 29 agosto 1843.
72. No 225, 8 agosto 1843.
73. No 946, 25 nov, 1845.
74. No 7, 17 nov. 1842.
75. No 845, 29 julio 1845; No 186, 22 junio 1843.
76. No 202, 12 julio 1843; No 201, 11 julio 1843.
77. No 233, 18 agosto 1843.
78. No 69, 31 enero 1843.
79. No 69, 31 enero 1843.
80. «But this is the natural effect of a certain vanity in the minds of parents; who are wonderfully delighted with the thought of breeding their children to accomplishments, which they believe nothing.» *The Tatler*, No 173, 332.
81. Vid. p. 54 del presente trabajo.
82. *El Progreso*, No 69, 31 enero 1843.
83. No 81, 14 feb. 1843.
84. «What I would endeavour to inculcate is, that our Youth cannot be too soon taught the Principles of Virtue, seeing the first Impressions which are made on the Mind are always the strongest.» *The Spectator*, III, No 337, 249.
85. *El Progreso*, No 75, 7 feb. 1843.
86. «instead of adapting Studies to the particular Genius of Youth, we expect from the young Man, that he should adapt his Genius to his Studies.» *The Spectator*, III, No 307, 108.
87. *El Progreso*, No 75, 7 feb. 1843.
88. No 81, 14 feb. 1843.
89. «Where I a Father, I should take a particular care to preserve my Children from these little Horrours of Imagination, which they are apt to contract when they are young,

and are not able to shake off when they are in Years.» *The Spectator,* I, No 12, 54.
90. *El Progreso,* No 81, 14 feb. 1843.
91. No 82, 15 feb. 1843.
92. No 80, 13 feb. 1843.
93. «To be bred like a Gentleman, and punished like a Malefactor, must, as we see it does, produce that illiberal Sauciness which we see sometimes in Men of Letters.» *The Spectator,* II, No 157, 116.
94. *El Progreso,* No 62, 23 enero 1843.
95. No 174, 7 junio 1843.
96. «A la Señorita Rosa», No 11, 22 nov. 1842.
97. «the despatch of the next advices from home, with liberty to speak in my own way; not doubting the allowances which would be given to a writer of my sex.» *The Tatler,* No 10, 24.
98. *El Progreso,* No 11, 22 nov. 1842.
99. «It is so natural for women to talk of themselves, that it is to be hoped, all my own sex at least will pardon me, that I could fall into no other discourse.» *The Tatler,* No 10, 24.
100. *El Progreso,* No 11, 22 nov. 1842.
101. No 46, 3 enero 1843.
102. «A la Señorita Emilia De...», No 45, 2 enero 1843.
103. No 11, 22 nov. 1842.
104. No 42, 29 dic. 1842.
105. «I have often admired at the barbarity of parents, who so frequently interpose their authority in this grand article of life.» *The Tatler,* No 185, 350.
106. *El Progreso,* No 11, 22 nov. 1842.
107. ibid.
108. ibid.
109. No 42, 29 dic. 1842.
110. ibid.
111. Vid. p. 49 del presente trabajo.
112. *El Progreso,* No 31, 16 dic. 1842, «Al oído de las lectoras».
113. «A la Señorita Emilia De ...», No 45, 2 enero 1843.
114. «such good house wives who are never well dressed but when they are abroad, and think it necessary to appear more agreeable to all men living than their husbands.» *The Tatler,* No 147, 291.
115. *El Progreso,* No 45, 2 enero 1843.
116. Larra, «Modas».
117. *El Progreso,* No 45, 2 enero, 1843.
118. ibid.
119. «De la insuficiencia de la educación actual de las mujeres», No 86, 20 feb. 1843.
120. Polémica con la *Revista Católica* sobre la obra de Aimé Martín, *Obras Completas,* II, 235.
121. *El Zonda de San Juan 1839* (Bs. As.: Kraft, 1939), periódico fundado por Sarmiento en San Juan el 20 de julio de 1839; colaboraron: Quiroga Rosa, Indalecio Cortínez, Antonio Aberastain; clausurado por el gobierno de Benavidez mediante el decreto ley del 16 de noviembre de 1838, cesando el movimiento cultural en San Juan hasta 1840 (Nicanor Larrain, *El País de Cuyo,* Bs. As.: Alsina, 1906, 435; Rogelio Díaz, «Síntesis Histórico», 384). *El Zonda* puede ser considerado antecedente de las ideas expuestas en *El Progreso,* está latente su inquietud por la falta de lectura en el «comerciante, el hacendado, el jornalero» y en la mujer, Prospecto, No 1, 20 julio 1839; «Las Tapias tienen orejas», No 4, 10 agosto 1839.
122. *El Zonda,* No 1, 4.
123. *El Progreso,* «Al oído de las lectoras», No 31, 16 dic. 1842.
124. Polémica con *La Revista Católica,* 234-35.

125. ibid., 234.
126. ibid., 235.
127. ibid., 235.
128. *El Progreso*, «Hijiene de la infancia», No 172, 5 junio, 1843; «Hijiene», No 179, 13 junio 1843.

CONCLUSIONES

Los frecuentes estudios acerca del costumbrismo señalan su superficialidad moral, la ausencia de intimidad humana que lo reduce a lo pintoresco. Esta deficiencia del término en español—agregan—lo separa esencialmente del francés «moeurs» que alude a «todos los resortes morales del hombre y de la sociedad.»

He pretendido aquí subsanar la limitación semántica atribuida al vocablo y probar cómo anterior a la fase pintoresquista se produce la ético-social. Este aspecto del costumbrismo que todavía perdura y no morirá—pues siempre será motivo de preocupación todo aquello que concierne al hombre en su relación con la sociedad—fue inaugurado como creación periodística por Steele y Addison.

Un balance sintetizador se impone para evaluar más justamente la influencia inglesa en el costumbrismo español y argentino:

1— *The Tatler* y *The Spectator* inician la prensa literaria moral con exclusión de lo noticioso. Se convierten en manuales de instrucción agradable y útil que guían al pueblo en el comportamiento diario—lo que no existía—y enseñan lecciones de vida.

2— El periodismo pasa a ser con ellos un medio de cultura dirigida, de reforma de la conducta humana, para lograr el desarrollo completo del ser y su sociedad.

3— Son los creadores del andamiaje convencional de la literatura costumbrista: caracterización del censor, recursos y artificios de redacción.

4— El rol de Espectador tal cual lo acuñan ellos implica no solamente el espíritu de observación de la sociedad, sino el teorizar y filosofar sobre lo observado. Actitud especulativa con propósito de mejora social que hereda el costumbrismo y lo separa de los meros observadores que pululaban en la literatura.

5— Graban los vicios y defectos del hombre, sus vanidades, falacias y prejuicios en matrices copiadas más de una vez por los costumbristas.

6— Configuran el ensayo periodístico literario, moral y social cuya

...a breve, viva y ajustada originará la del artículo costumbrista.
7— Introducen como preocupación fundamental la necesidad de enmendar la educación y situación de la mujer en la sociedad.

Con respecto a los periódicos argentinos de principios de siglo XIX, la investigación ha permitido decantar las siguientes características:

1— Son todos productos de la Ilustración, que creen en una cultura utilitaria y cuya misión es la de educar al pueblo.

2— Pertenecen a una minoría culta que esgrime el costumbrismo de reforma ético-social para modificar la realidad de acuerdo a los países más adelantados.

3— Reproducen más fielmente que los españoles los conceptos de «counsel of manners» y «monitor of worthing living,» en reglas que regulan el comportamiento humano: «reglas de urbanidad,» de «civilidad,» «reglas generales para la conversación.»

4— Como los periódicos ingleses advierten la necesidad de conducir al pueblo en la conducta trivial y cotidiana, y de cubrir todos los aspectos—por nimios que sean—que hacen a la evolución de un país.

5— Reviven el mismo propósito de Addison de lograr «el embellecimiento de la ciudad y arrojar la barbarie,» que se cumple en todas las manifestaciones culturales: espectáculos y servicios públicos, medios de transportes, mejoramiento y sanidad de la ciudad.

6— A diferencia de los periódicos españoles, no censuran las costumbres en escenas y tipos contemporáneos, sino son verdaderos breviarios de enseñanza que combinan hábilmente el humor con la moralidad.

7— El tema de la educación tiene un énfasis y profundidad similar al de Inglaterra; cubre todas las edades y facetas tanto del niño como del adulto.

8— Entienden como los ingleses que la mujer es un factor determinante en la transformación de la realidad. La mujer—de quien depende la formación del pueblo, la industria y moralidad de un país—vive en la más completa ignorancia. Su condición romántica y de ensoñación, su rol ficticio, «su moral de colegio, talentos mecánicos, pequeñas devociones» y desconocimiento de todo, concierne a la sociedad. Es ésta la que debe conseguir su nivelación socio-cultural y el cultivo de su inteligencia.

Es en consecuencia mérito de la Generación del 37 el haber ofrecido un claro y auténtico análisis de la situación de mujer en Argentina, de haber propuesto medidas para que se aleje de la ociosidad mental. Fueron precisamente Alberdi y Sarmiento quienes más agudamente advirtieron el problema y usaron el costumbrismo para reflejar un ser sin «personalidad social,» reducido a «un apéndice del hombre.» Esta actitud de la Generación del 37 representa el origen del feminismo en Argentina, mentable más allá de tal o cual caso aislado y sobresaliente de mujer excepcional que la Historia ofrece.

Sintetizando el costumbrismo de reforma ético-social que iniciaron Addison y Steele, tiene todavía actualidad no solamente porque muchos de los vicios y defectos que ellos señalaron coexisten, sino porque sus ideas de corrección y progreso son anticipadoras de una estratificación social. No es fortuito que la Generación del 37—que tanto tuvo que ver en el proceso evolutivo y de organización constitucional de Argentina—se haya inspirado en ellos.

BIBLIOGRAFÍA

FUENTES PRIMARIAS

Diario de la Tarde Comercial Político y Literario. Buenos Aires 16 de mayo de 1831 a 22 de noviembre de 1852.
El Iniciador. Ed. Academia Nacional de la Historia. Bs. As.: Kraft, 1941.
El Pensador Matritense. Discursos Críticos sobre todos los asumptos que comprehende la sociedad civil. 5 vols. Barcelona: Francisco Genéars *[1762]*
El Progreso. Diario Comercial Político y Literario. Santiago de Chile 10 de noviembre de 1842 a 31 de diciembre de 1845.
El Zonda de San Juan 1839. Ed. Academia Nacional de la Historia. Bs. As.: Kraft, 1939.
La Argentina. Buenos Aires 31 de octubre de 1830 a 17 de julio de 1831.
La Moda Gacetín Semanal de Música de Poesía de Literatura de Costumbres 1837. Ed. Academia Nacional de la Historai. Bs. As.: Kraft, 1938.
Larra, Mariano José de. *Artículos I-II.* Ed. Carlos Seco Serrano, vols. 127-128. Madrid: Biblioteca de Autores Españoles, 1960.
Mesonero Romanos, Ramón. *Escenas Matritenses. Panorama Matritense. Tipos y Caracteres.* Ed. Federico C. Sainz de Robles. Madrid: Aguilar, 1945.
The British Packet and Argentine News, Buenos Aires 4 de agosto de 1826 a 25 de setiembre de 1858.
The Tatler and The Guardian. London: Jones, 1829.
The Spectator. Ed. Donald F. Bond. 5 vols. Oxford: The Claredon Press, 1965.

FUENTES SECUNDARIAS

ALVAREZ GUERRERO, OSVALDO. «Larra e hispanoamérica. Larra y la Generación de 1837». *Revista de Occidente*, No 50 (mayo 1967), 230-238.
ARRIETA, RAFAEL ALBERTO. *La literatura argentina y sus vínculos con España*. Bs. As.: Institución Cultural Argentina: 1948.
_____, *Historia de la literatura argentina*. Bs. As.: Peuser, 1958.
BALBÍN DE UNQUERA, ANTONIO. «Mesonero Romanos y los escritores de costumbres.» *Revista de España*, 111 (julio-agosto 1886), 53-70.
BAQUERO GOYANES, MARIANO. *Perspectivismo y Contraste. De Cadalso a Pérez de Ayala*. Madrid: Gredos, 1963.
BARDAVÍO, JOSÉ M. «Los núcleos de coherencia. Aproximación al problema de las unidades mínimas del relato», *Teoría de la Novela*. Ed. S. Sanz Villanueva y Carlos J. Barbachano, Madrid: Sociedad Gral. Española de Librería, 1976, 291-304.
BARTHES, ROLAND et al. *Análisis estructural del relato*. Trad. Beatriz Dorriots. 4 ed. Bs. As.: Tiempo Contemporáneo, 1970.
BATTISTESSA, ANGEL J. «Proposiciones para el centenario de 'Fígaro'.» *Poetas y prosistas españoles*. Bs. As.: Institución Cultural Española, 1943.
BEAUMONT, J. A. B. *Viajes por Buenos Aires Entre Ríos y la Banda Oriental. 1826-1827*. Bs. As.: Hachette, 1957.
BELJAME, ALEXANDRE. *Men of Letters and The English Public in The Eighteenth Century 1660-1744. Dryden Addison Pope*. Introd. Bonamy Dobrée. London: Kegan Paul, Trench, Trubner, 1948.
BELTRÁN, OSCAR R. *Historia del Periodismo Argentino*. Bs. As.: Sopena, 1943.
BERKOWITZ, H. CHONON. «Ramón de Mesonero Romanos. A Study of his Costumbrista Essays.» Tesis Doctoral Cornell University, 1925.
_____, «Mesonero's Indebtedness to Jouy.» *PLMA*, No 2 (junio 1930), 553-572.
BLANCHARD, RAE. «Richard Steele and The Status of Women.» *Studies in Philology*, 36 (1929), 325-335.
BOND, DONALD F. «The Text of the Spectator.» *Studies in Bibliography*, 5 (1952-53), 109-128.
BOND, RICHMOND P. *The Tatler The Making of a Literary Journal*. Cambridge Massachusetts: Harvard Univ. Press, 1971.

CÁNOVAS DEL CASTILLO, A. *El Solitario y su tiempo.* Madrid: Pérez Dubrull, 1883.

CARAVACA, FRANCISCO. «Notas sobre las fuentes literarias del costumbrismo de Larra.» *Revista Hispánica Moderna,* 29 (enero 1963), 1-22.

CARILLA, EMILIO. *La literatura de la independencia hispanoamericana (Neoclasicismo y Prerromanticismo).* Bs. As.: Eudeba, 1964.

CASTAGNINO, RAÚL H. *Milicia Literaria de Mayo.* Bs. As.: Nova, 1960.

CASTAÑEDA, FRANCISCO. *Las tres comedias de Doña María Retazos 1821.* Bs. As.: Instituto de Literatura Argentina, 1924.

CORREA CALDERÓN, E. «Introducción al estudio del costumbrismo español.» *Costumbristas Españoles.* 2 vols. Madrid; Aguilar, 1950.

COURTHOPE, W.J. *Addison.* New York: Harper & Brothers, 1902.

DÍAZ L., ROGELIO. «Síntesis Histórico Cronológica del Periodismo de la Provincia de San Juan 1825-1937.» *Anales del Primer Congreso de Historia de Cuyo.* vol. II. Bs. As.: La Facultad-Bernabé & Cía, 1937.

DÍAZ PLAJA, G. *Historia General de las Literaturas Hispánicas.* vols. 4-5. Barcelona: Barna, 1957.

DICKSON, ARTHUR. *Valentine and Orson. A Study in Late Medieval Romance.* New York: Columbia Univ., 1929.

DOTY, GEORGE LEWIS. *Juan de Zavaleta's El Día de Fiesta por La Tarde.* Jena: Gesellschaft Für Romanische Literatur, 1938.

ESCOBAR, JOSÉ. *Los orígenes de la obra de Larra.* Madrid: Prensa Española, 1973.

ETIENNE, VICTOR JOSEPH. *L'Hermite de la Chaussée d'Antin.* 5a. edic. Paris: Pillet, 1815.

_____, *Oeuvres Complétes.* Paris, 1823.

GALVÁN MORENO, C. *El Periodismo Argentino.* Bs. As.: Claridad, 1944.

GENNETTE, GÉRARD. «Fronteras del relato.» *Análisis estructural del relato.* Ed. Roland Barthes et al. 4 ed. Bs. As. Tiempo Contemporáneo, 1970, 193-208.

GHIANO, JUAN CARLOS. *El Matadero de Echeverría y El Costumbrismo.* Bs. As.: Centro Editor de América Latina, 1968.

GROUSSAC, PAUL. *Estudios de Historia Argentina.* Bs. As.: Méndez, 1918.

GUERRERO, CÉSAR H. *Efemérides Sanjuaninas 1562-1944.* San Juan: Archivo Histórico Administrativo, 1961.

HAIGH, SAMUEL. *Bosquejos de Buenos Aires Chile y Perú.* Bs. As.: Biblioteca de la Nación, 1918.

HARTZENBUSCH, EUGENIO. *Apuntes para un católogo de Periódicos Madrileños. Desde el año 1661 al 1870.* Madrid: Sucesores de Rivadaneyra, 1894.
HENDRIX, W. S. «Notes on Jouy's Influence on Larra.» *The Romanic Review,* 9, (1920), 37-45.
_____, «Quevedo, Guevara, Lessage, and *The Tatler.*» *Modern Philology,* 9 (August 1921), 177-186.
_____, «Notes on Collection of Types a Form of Costumbrismo.» *Hispanic Review,* 3 (1933). 208-221.
HUMPHREYS, A. R. *Steele Addison and Their Periodical Essays.* Great Britain: Longmans, Green & Co., 1966.
LACOMBE, PAUL. *Bibliographie Parisienne. Tableau De Moeurs 1600-1880.* Paris: Chez Rouquette, 1887.
LAPIDO, GRACIELA y LAPIEZA ELLI, BEATRIZ SPOTA DE. *The British Packet. De Rivadavia a Rosas 1826-1832.* Recopilación, traducción y notas. Bs. As.: Solar-Hachette, 1976.
LARRAIN, NICANOR. *El País de Cuyo.* Bs. As.: Alsina, 1906.
LE GENTIL, GEORGES. *Le Poète Manuel Bretón de los Herreros et la Societé Espagnole. De 1830 a 1860.* Paris: Hachette, 1909.
LOMBA y PEDRAJA, JOSÉ. *Mariano José de Larra (Fígaro). Cuatro estudios que le abordan o le bordean.* Madrid: Tipografía de Archivos, 1936.
LORENZO RIVERO, LUIS. *Larra y Sarmiento. Paralelismos históricos y literarios.* Madrid: Guadarrama, 1968.
MC. GUIRE, ELIZABETH. «A Study of the Writings of D. Mariano José de Larra.» *Modern Philology,* 7 (Sep. 1918), 87-130.
MARTÍNEZ ESTRADA, EZEQUIEL. «Sarmiento escritor.» *Historia de la Literatura Argentina.* Rafael A. Arrieta. vol. II. Bs. As.: Peuser, 1958.
_____, *Sarmiento.* Bs. As.: Sudamericana, 1969.
MONTESINOS, JOSÉ F. *Costumbrismo y Novela. Ensayo sobre el redescubrimiento de la realidad española.* Madrid: Castalia, 1965.
MONTGOMERY, CLIFFORD MARVIN. *Early Costumbrista Writers in Spain 1750-1830.* Philadelphia: Univ. of Pennsylvania, 1931.
ORIA, JOSÉ A. «Sarmiento costumbrista.» *Humanidades,* 26 (1938), 37-55.
_____, «Alberdi 'Figarillo'. Contribución al estudio de la influencia de Larra en el Río de la Plata.» *Humanidades,* 25 (1936), 223-283.
PETERSON, H. «Notes on the influence of Addison's *Spectator* and Marivaux's *Spectateur Français* upon *El Pensador. Hispanic Review,* 4 (July 1936), 256-263.

PLACE EDWIN. «A note on *El Diablo Cojuelo* and the French Sketch of Manners and Types.» *Hispania,* 19 (May 1936), 235-240.
PORTER, M. E. «Eugenio de Tapia: A Forerunner of Mesonero Romanos.» *Hispanic Review,* 7 (Jan. 1940), 145-155.
PUPO WALKER, ENRIQUE. «El cuadro de costumbres, el cuento y la posibilidad de un deslinde.» *Revista Iberoamericana,* 44 (enero-junio, 1978), 1-15.
Revue Britannique ou Choix D'Articles Traduits des meilleurs écrits périodiques de la Grande Bretagnne. Paris: A La Librairie, 1838.
ROBERTSON, J. P. y G. P. *Cartas de Sud América.* 3 vols. Bs. As.: Emecé, 1950.
SALDÍAS, ADOLFO. *Vida y escritos del Padre Castañeda.* Bs. As.: Arnoldo Moen, 1907.
SALOMON, NOEL. «A propos des éléments 'costumbristas' dans le *Facundo* de D. F. Sarmiento.» *Bulletin Hispanique,* 70 (juillet-decémbre 1968), 348-412.
SARMIENTO, D. F. *Obras Completas.* vols. I-II. Bs. As.: Luz del Día, 1948.
TARR, F. COURTNEY. «Romanticism in Spain.» *PMLA,* 55 (March 1940), 35-46.
_____, «Larra. Nuevos datos críticos y literarios. 1829-33.» *Revue Hispanique,* 77 (October-December 1929).
_____, «Larra's Duende Satírico del Día.» *Modern Philology,* 26 (August 1928), 31-46.
TODOROV, TZVETAN. «Las categorías del relato literario.» *Análisis estructural del relato.* Ed. Roland Barthes et al. Bs. As.: Tiempo Contemporáneo, 1970, 155-192.
_____, «La doble lógica del relato.» *Teoría de la Novela.* Ed. S. Sanz Villanueva y Carlos J. Barbachano. Madrid: Sociedad General Española de Librería, 1976, 387-404.
The Famous History of Valentine and Orson. The Two Sons of the Emperor of Greece. London: J. F. Dove, 1826.
UCELAY DA CAL, MARGARITA. *Los españoles pintados por sí mismos (1843-1844).* México: Fondo de Cultura Económica, 1951.
UPHAM, A. H. «English Femmes Savantes at the End of the Seventeenth Century.» *The Journal of English and Germanic Philology,* 12 (1913), 262-276.
VÉLEZ DE GUEVARA, LUIS. *El diablo cojuelo.* Madrid: Espasa Calpe, 1951.
VERDEVOYE, PAUL. *Domingo Faustino Sarmiento Educateur et Publiciste.* Paris: Institut Des Hautes Etudes De L'Amerique Latine, 1963.

WOLLSTONECRAFT, MARY. *A Vindication of the Rights of Woman.* New York: Norton & Co., 1975.
ZABALETA, JUAN DE. *El día de fiesta por la mañana.* Madrid: M. De Quiñones, 1654.
_____, *El día de fiesta por la tarde.* Madrid: M. de Quiñones, 1660.

SUMARIO

INTRODUCCIÓN 7

Capítulos:

I. NACIMIENTO DEL PERIODISMO LITERARIO EN
   INGLATERRA 11
   1. Antecedentes 11
   2. The Tatler 12
      Artificios de redacción 15
      Caracteres y comportamientos censurados 17
      Concepto y situación de la mujer 20
   3. The Spectator 24
      Caracteres y comportamientos censurados 27
      Concepto y situación de la mujer 29

II. DESLINDE SEMÁNTICO Y CRONOLÓGICO 37
   1. Antecedentes 37
   2. Descripción costumbrista 38
   3. Artículo costumbrista 40
   4. Clavijo y Fajardo 44
      Caracteres y comportamientos censurados 47
      Concepto y situación de la mujer 52

III. COSTUMBRISMO ESPAÑOL DEL SIGLO XIX 61
   1. Publicaciones representativas 61
   2. Larra 63
      Caracteres y comportamientos censurados 68
      Concepto y situación de la mujer 72
   3. Mesonero Romanos 74
      Caracteres y comportamientos censurados 78
      Concepto y situación de la mujer 81

IV. COSTUMBRISMO ARGENTINO DE PRINCIPIOS DE
    SIGLO XIX 89

    1. Los ingleses en Argentina 89
    2. *The British Packet* 92
         Concepto y situación de la mujer 95
         El hombre 98
         Actividades y diversiones en la ciudad 99
    3. *La Argentina* 101
         Concepto y situación de la mujer 103
         El hombre 105
         Urbanismo 107
         Diversiones y paseos en la ciudad 108
    4. *Diario de la Tarde, Comercial, Político y Literario* .. 109

V. OTROS PERIÓDICOS 117

    1. *La Moda* 117
         Concepto y situación de la mujer 122
         Civilidad 125
    2. *El Iniciador* 127
    3. *El Progreso* 132
         Fisiologías 137
         Urbanismo y educación 139
         Concepto y situación de la mujer 144

CONCLUSIONES 157

BIBLIOGRAFÍA 161

Gioconda Marún, *Orígenes del costumbrismo ético-social. Addison y Steele: antecedentes del artículo costumbrista español y argentino.*

Fe de erratas

Pág.	Línea	Dice:	Debe decir:
7	17	fasa	fase
73	41	ecifica	específica
73	42	fe	felices
73	43	estratificac	estratificación
89	16	180	1806
108	13	hombre	hombres
122	40	periódicos	periódico
132	13	colabodores	colaboradores
139	27	cuidad	ciudad

LIBRARY OF DAVIDSON COLLEGE